CONTEÚDO DIGITAL PARA ALUNOS

Cadastre-se e transforme seus estudos em uma experiência única de aprendizado:

1 Entre na página de cadastro:
www.editoradobrasil.com.br/sistemas/cadastro

2 Além dos seus dados pessoais e de sua escola, adicione ao cadastro o código do aluno, que garantirá a exclusividade do seu ingresso a plataforma.

2507586A2888606

3 Depois, acesse: www.editoradobrasil.com.br/leb
e navegue pelos conteúdos digitais de sua coleção :D

Lembre-se de que esse código, pessoal e intransferível, é valido por um ano. Guarde-o com cuidado, pois é a única maneira de você utilizar os conteúdos da plataforma.

Editora do Brasil

AKPALÔ
LEITURA E PRODUÇÃO DE TEXTO

Cláudia Miranda
- Mestre em Educação pela Universidade Católica de Petrópolis (UCP)
- Especialista em Teoria da Literatura e em Literatura Comparada pela Universidade Federal de Juiz de Fora (UFJF)
- Licenciada em Letras pela Universidade Federal de Juiz de Fora (UFJF)

Jaciluz Dias
- Doutoranda em Linguística pelo Programa de Pós-Graduação em Linguística da Universidade Federal de Juiz de Fora (UFJF)
- Mestra em Educação pela Universidade Federal de Lavras (UFLA)
- Licenciada em Letras (Licenciatura Plena) pelo Centro de Ensino Superior de Juiz de Fora (PUC Minas)

Priscila Ramos de Azevedo
- Graduada em Letras pelo Centro Universitário Ibero-Americano (Unibero-SP)
- Professora de Língua Portuguesa do Ensino Fundamental na rede privada de ensino

1º ANO
Ensino Fundamental
Anos Iniciais

LEITURA E PRODUÇÃO DE TEXTO

Palavra de origem africana que significa "contador de histórias, aquele que guarda e transmite a memória do seu povo".

1ª edição
São Paulo, 2021

Dados Internacionais de Catalogação na Publicação (CIP)
(Câmara Brasileira do Livro, SP, Brasil)

Miranda, Cláudia
    Akpalô leitura e produção de texto, 1º ano / Cláudia Miranda, Jaciluz Dias, Priscila Ramos de Azevedo. -- 1. ed. -- São Paulo : Editora do Brasil, 2021. -- (Coleção Akpalô)

    Bibliografia.
    ISBN 978-65-5817-035-8 (aluno)
    ISBN 978-65-5817-036-5 (professor)

    1. Leitura (Ensino fundamental) 2. Português (Ensino fundamental) 3. Textos (Ensino fundamental) I. Dias, Jaciluz. II. Azevedo, Priscila Ramos de. III. Título. IV. Série.

20-50269   CDD-372.6

Índices para catálogo sistemático:
1. Português : Ensino fundamental 372.6
Maria Alice Ferreira - Bibliotecária - CRB-8/7964

Respeite o direito autoral

Rua Conselheiro Nébias, 887
São Paulo, SP – CEP 01203-001
Fone: +55 11 3226-0211
www.editoradobrasil.com.br

© Editora do Brasil S.A., 2021
Todos os direitos reservados

Direção-geral: Vicente Tortamano Avanso

Direção editorial: Felipe Ramos Poletti
Gerência editorial: Erika Caldin
Supervisão de arte: Andrea Melo
Supervisão de diagramação: Abdonildo Santos
Supervisão de revisão: Dora Helena Feres
Supervisão de iconografia: Léo Burgos
Supervisão de digital: Ethel Shuña Queiroz
Supervisão de controle de processos editoriais: Roseli Said
Supervisão de direitos autorais: Marilisa Bertolone Mendes

Supervisão editorial: Selma Corrêa
Assistência editorial: Gabriel Madeira, Olivia Yumi Duarte
Capa: Megalo Design
Imagens de capa: Kang Sunghee/Shutterstock.com, Africa Studio/Shutterstock.com e wavebreakmedia/Shutterstock.com

Licenciamentos de textos: Cinthya Utiyama, Jennifer Xavier, Paula Harue Tozaki e Renata Garbellini
Controle de processos editoriais: Bruna Alves, Carlos Nunes, Rita Poliane, Terezinha de Fátima Oliveira e Valéria Alves

1ª edição / 1ª impressão, 2021
Impresso na Melting Indústria Gráfica

Concepção, desenvolvimento e produção: Triolet Editorial & Publicações
Direção executiva: Angélica Pizzutto Pozzani
Coordenação editorial: Priscila Cruz
Edição de texto: Adriane Gozzo, Carmen Lucia Ferrari, Claudia Cantarin, Juliana Biscardi, Solange Martins e Thais Ogassawara
Preparação e revisão de texto: Ana Carolina Lima de Jesuz, Ana Paula Chabaribery, Arali Lobo Gomes, Brenda Morais, Celia Carvalho, Daniela Lima Alvares, Daniela Pita, Erika Finati, Gloria Cunha, Helaine Naira, Lara Milani, Marcia Leme, Miriam dos Santos, Renata de Paula Truyts, Renata Tavares, Roseli Batista Folli Simões e Simone Soares Garcia
Coordenação de arte e produção: Daniela Fogaça Salvador
Edição de arte: Ana Onofri, Julia Nakano e Suzana Massini
Ilustradores: Caulos, Garatuja, Filipe Rocha, Joana Resek, Juliana Basile, Sandra Lavandeira e Vilmar Rossi Júnior
Iconografia: Daniela Baraúna

Querido aluno, querida aluna,

Este livro foi escrito pensando em você.

A leitura e a escrita ocupam um lugar muito importante no dia a dia. Por isso, como professoras e autoras desta coleção, tivemos um desafio: escrever um livro que leve você a descobrir essa importância e desperte, cada dia mais, seu gosto pela leitura e pela escrita.

Então, pesquisamos textos em estilos e linguagens diversos que consideramos interessantes e podem despertar seu interesse por assuntos que merecem atenção.

Você vai ler, escrever e produzir textos escritos, orais e multimodais de uma grande variedade de gêneros. Afinal, vivemos cercados pelos diferentes usos que as pessoas fazem da língua e das diversas manifestações da linguagem.

Enfim, acreditamos que, aprendendo a nos comunicar por meio dos recursos a nossa disposição, poderemos entender melhor o mundo em que vivemos e, também, interagir mais plenamente com tudo o que está ao nosso redor.

Boas leituras!

Um abraço,
As autoras

Garatuja

Sumário

UNIDADE 1
Os símbolos que conhecemos............ 6

- Texto 1 – Cartum publicado no livro *Só dói quando eu respiro* 8
  - › Interagindo com o cartum 9
- Texto 2 – *Placas de sinalização* 10
  - › Interagindo com placas de sinalização 11
  - › Intervalo – Jogo de mímica 13
- › Oficina de produção – Placas de aviso 14
- › Conheça 15

UNIDADE 2
Meu nome.. 16

- Texto 1 – *Mundo animal* 18
  - › Interagindo com a tira 19
- Texto 2 – *Depoimentos* 20
  - › Interagindo com o depoimento 21
  - › Intervalo – Letras e palavras 22
- › Oficina de produção – História do nome (escrita e oral) 24
- › Conheça 27

UNIDADE 3
Brinquedos e brincadeiras................ 28

- Texto 1 – *Na loja do Mestre André* 30
  - › Interagindo com a cantiga de roda 32
  - › Intervalo – Diferentes tipos de letra 34
- Texto 2 – *Bilboquê* 36
  - › Interagindo com o texto instrucional 38
- › Oficina de produção – Receita escrita de massa de modelar 40
- › Conheça 41

UNIDADE 4
Entre amigos 42

- Texto 1 – *Capas de livros* 44
  - › Interagindo com capas de livros 46
  - › Intervalo – Sílabas iniciais e finais 48
- Texto 2 – *Convite de aniversário* 50
  - › Interagindo com o convite................ 51
- › Oficina de produção – Convite de aniversário 52
- › Conheça 53

UNIDADE 5
Amigo bicho 54

Texto 1 – *Campanha de vacinação antirrábica* .. 56
- Interagindo com a campanha 57

Texto 2 – *Silva Jr.* 58
- Interagindo com o conto 60
- Intervalo – Sinônimos e antônimos 64
- Oficina de produção – Bichionário 67
- Conheça 69

UNIDADE 6
Mundo animal 70

Texto 1 – *Seu Jabuti* 72
- Interagindo com o poema 74
- Intervalo – Rima 76

Texto 2 – *Fichas informativas* 78
- Interagindo com as fichas informativas 80
- Oficina de produção – Ficha informativa 82
- Conheça 83

UNIDADE 7
Estação das frutas 84

Texto 1 – *O bicho-papão de letras* 86
- Interagindo com a regra de brincadeira 88
- Intervalo – Jogo da letra inicial 90

Texto 2 – *Receita de vitamina de frutas* 91
- Interagindo com a receita culinária 92
- Oficina de produção – Receita culinária 94
- Conheça 95

UNIDADE 8
O Rei Leão 96

Texto 1 – *Ilustrador brasileiro cria versão amazônica de O Rei Leão* 98
- Interagindo com a notícia 100
- Intervalo – Imagem e legenda 103

Texto 2 – *O leão e o ratinho* 105
- Interagindo com a fábula 107
- Oficina de produção – Reconto de fábula 110
- Conheça 111

Bibliografia 112

UNIDADE 1
Os símbolos que conhecemos

O que você vai estudar?
Gêneros
- Cartum
- Placas de sinalização

Intervalo
- Jogo de mímica

O que você vai produzir?
Oficina de produção
- Placas de aviso (multimodal)

Texto 1

Antes de ler

1. Observe a imagem a seguir. Você sabe que nome recebe esse texto?
2. O que está acontecendo na cena?

CARTUM PUBLICADO NO LIVRO SÓ DÓI QUANDO EU RESPIRO

CAULOS. *Só Dói Quando Eu Respiro*. Porto Alegre: L&PM, 2001. p. 73.

Quem é o autor?

Caulos nasceu em Araguari, Minas Gerais, no ano de 1943. Além de artista plástico, é autor de livros de cartum, histórias em quadrinhos e literatura.

Interagindo com o cartum

1 Ligue as imagens às palavras correspondentes.

Autor

Cartum

Livro

2 O personagem do cartum estava tentando caçar notas musicais. Agora você vai caçar letras. Com a ajuda do professor, leia com os colegas as palavras abaixo. Pinte em cada uma delas a letra que aparece em destaque.

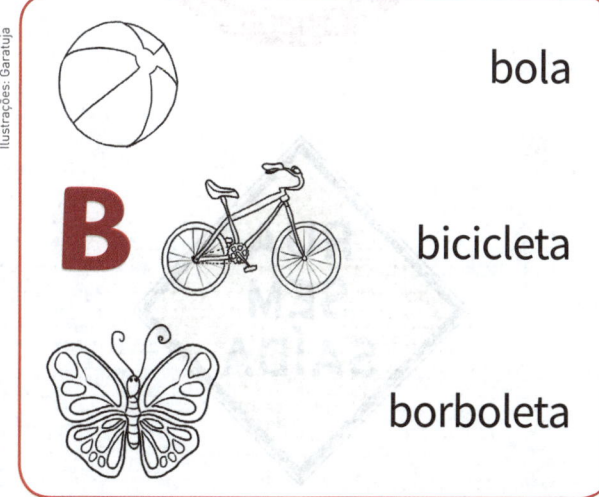

bola

bicicleta

borboleta

flor

arara

rede

Texto 2

Antes de ler

1. Você já viu estas placas em algum lugar? Onde? Conte a um colega. Depois, converse com ele sobre a ideia que elas transmitem.

2. Você sabe para que placas como estas são utilizadas no dia a dia?

PLACAS DE SINALIZAÇÃO

a)

d)

b)

e)

c)

f)

Fotos: Vanessa Volk/Shutterstock.com

Interagindo com placas de sinalização

1 Circule as placas da página anterior com as cores indicadas a seguir.

🔵 Se a placa tiver **somente letras e palavras**.

🟢 Se a placa tiver **somente desenhos**.

🟡 Se a placa tiver **números**.

- Qual cor você utilizou mais?

  ☐ amarelo ☐ azul ☐ verde

- Qual cor utilizou menos?

  ☐ amarelo ☐ azul ☐ verde

2 Você é um bom leitor de placas? Assinale a placa correta para cada situação.

a) Se você tivesse de usar um banheiro na escola e visse as placas a seguir, uma em cada porta, qual delas você abriria? Marque com um **X**.

b) Imagine que você e seus familiares estão viajando de carro. Está perto da hora do almoço. Que placa vocês teriam de procurar na estrada para achar um restaurante? Marque com um **X**.

c) Se um adulto precisasse abastecer o carro, que placa teria de procurar na estrada? Marque com um **X**.

d) Para uma pessoa saber se pode entrar em um lugar com um animal, que placa teria de procurar?

Jogo de mímica

Você é capaz de transmitir uma ideia sem usar nenhuma palavra? Aceite o desafio e brinque de mímica com os colegas da turma.

1. Reúnam-se em trios.

2. O professor vai determinar o tema para cada rodada da brincadeira: animais, objetos escolares, frutas, esportes etc.

3. Cada grupo vai pensar em uma palavra relacionada ao tema escolhido pelo professor.

4. Os grupos vão se apresentar um de cada vez e representar a palavra por meio de movimentos com o corpo e as mãos.

5. Enquanto isso, os outros grupos tentarão adivinhar qual é a palavra. Mas **atenção**: cada grupo terá apenas uma chance. O primeiro que levantar a mão deverá falar a palavra e, se errar, passa a vez ao próximo grupo.

6. O professor escreverá as palavras ditas na lousa e todos devem dizer se é a palavra correta ou não.

Oficina de produção

Placas de aviso

Você viu que podemos nos comunicar usando vários recursos, como desenhos, gestos e texto escrito com letras e números.

Que tal você e os colegas criarem placas para comunicar suas ideias?

RECORDAR

1. O mapa mental a seguir mostra o objetivo e as principais características de uma placa de aviso. Utilize as palavras abaixo para completar o que está faltando.

| desenhos | orientar | palavras |

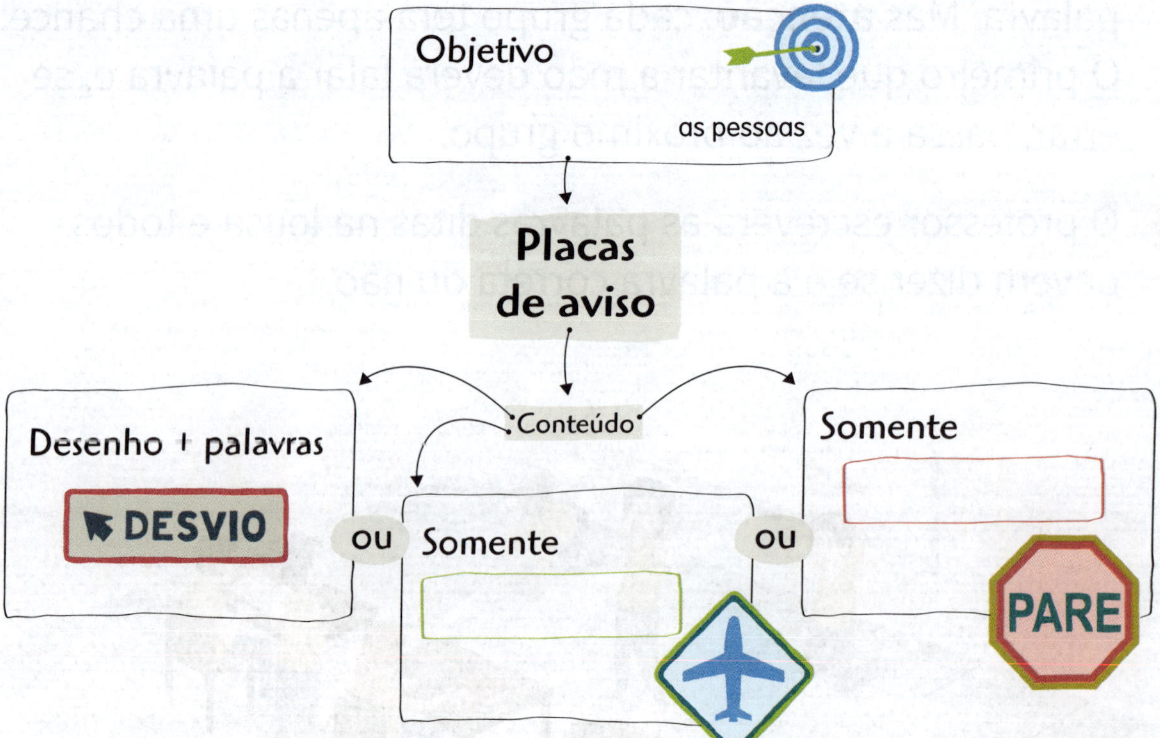

Objetivo
_____ as pessoas

Placas de aviso

Conteúdo

Desenho + palavras
▶ DESVIO

ou Somente _____ ✈

ou Somente _____
PARE

PRODUZIR

2. Em grupo, e com a ajuda do professor, montem as placas.

3. Em cada placa, façam desenhos para comunicar as seguintes ideias:

- Estou muito feliz!
- Estou aborrecido.
- Não perturbe, estou estudando.
- Terminei minha atividade.

4. Depois que as placas estiverem prontas, vocês podem utilizá-las para se comunicar com os colegas: coloquem as placas perto de onde o seu grupo estiver reunido, de acordo com a ideia que vocês desejam transmitir.

COMPARTILHAR

5. Observem as placas criadas pelos colegas e tentem descobrir quais ideias elas representam.

Conheça

Livro

- *Um número depois do outro*, de José Paulo Paes e Kiko Farkas. São Paulo: Companhia das Letrinhas, 1993. Por meio de poemas curtos e de ilustrações, os autores motivam os leitores a brincar com os números.

UNIDADE 2
Meu nome

Juliana Basile

O que você vai estudar?
Gêneros
- Tira
- Depoimento

Intervalo
- Letras e palavras

O que você vai produzir?
Oficina de produção
- História do nome (escrita e oral)

Antes de ler

1. Observe o texto abaixo. Você sabe como são chamados textos como esse? Conte para os colegas.
2. Há alguma palavra que você consegue ler sozinho? Qual(quais)?
3. Observe a sequência de quadrinhos. O que você acha que eles contam?

MUNDO ANIMAL

Célio Barbosa. *Mundo animal*. Disponível em: https://www.estudioceliobarbosa.com.br/2012/04/qual-seu-nome.html. Acesso em: 24 mar. 2020.

Quem é o autor?

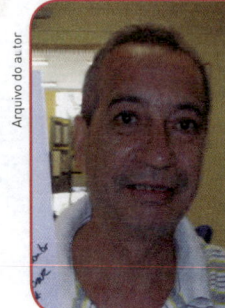

Célio Barbosa nasceu em Mogi das Cruzes, São Paulo, e estudou Artes. Tem um estúdio de criação e trabalha nele como *designer* gráfico e criador de tiras, histórias em quadrinhos, cartuns e caricaturas.

Interagindo com a tira

1 Abaixo você vê os dois primeiros quadrinhos da tira, mas as falas dos personagens estão incompletas. Complete com os nomes que faltam. Se precisar, olhe de novo a tira na página anterior e copie-os.

2 O professor vai reler a tira para vocês. Depois da releitura, pense: Por que os personagens acham que o nome deles começa com **Sai**?

- Marque com um **X** na resposta correta.

  ☐ Porque o nome deles é parecido.

  ☐ Porque o dono colocou o nome de **Sai** em todos eles.

  ☐ Porque eles sempre escutam as pessoas falarem **Sai** antes do nome deles.

3 Você gostou da tira? Por quê? Já tinha visto outros textos como esse? Em uma folha avulsa, você pode desenhar ou usar palavras para indicar do que mais gostou.

Texto 2

Antes de ler

1. Observe as fotos das crianças. No texto ao lado, há algumas informações sobre elas. O que você consegue ler sozinho?
2. Pelas fotos e pela forma de apresentação dos textos, o que você acha que vai ler agora?

DEPOIMENTOS

Meu nome é **Antônio** e meu apelido é Tom, igual o músico Tom Jobim. Eu gosto muito de música, acho que combinou.

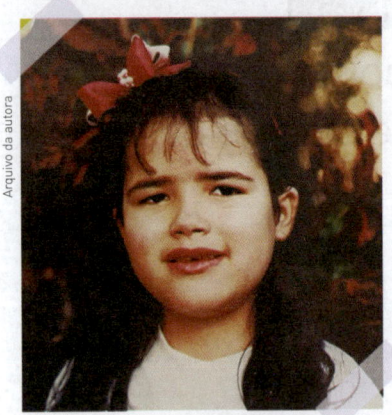

Meu nome é **Jaciluz**, que quer dizer luz da lua. Eu tenho esse nome porque meu pai se chama Jaci e minha mãe se chama Luzia. Eu amo meu nome!

Eu me chamo **Thiago**. Adoro meu nome porque sei que foi escolhido com muito amor pelo meu irmão. Também gosto quando me chamam de Titi.

Interagindo com o depoimento

1. Associe o nome de cada criança com a informação correspondente sobre a história do nome dela.

   (1) Antônio (2) Jaciluz (3) Thiago

   ☐ O apelido dele é Titi.

   ☐ A mãe escolheu o nome dele por causa do músico Tom Jobim.

   ☐ Seu nome significa "luz da lua".

2. Em dupla. Escreva abaixo seu nome e o nome do professor de diferentes maneiras, de acordo com o tipo de letra indicado.

Letras grandes	Letras estreitas

Letras pequenas	Letras largas

3. E o seu nome? Você sabe quem o escolheu? O que motivou essa escolha? Conte para a turma.

Letras e palavras

1 Circule, na letra da cantiga, a palavra que o professor vai ditar.

Se essa rua, se essa rua fosse minha,
Eu mandava, eu mandava ladrilhar,
Com pedrinhas, com pedrinhas de brilhante,
Para o meu, para o meu amor passar.

Domínio público.

2 Quantas letras tem o nome de cada brinquedo? Escreva o nome do brinquedo e conte.

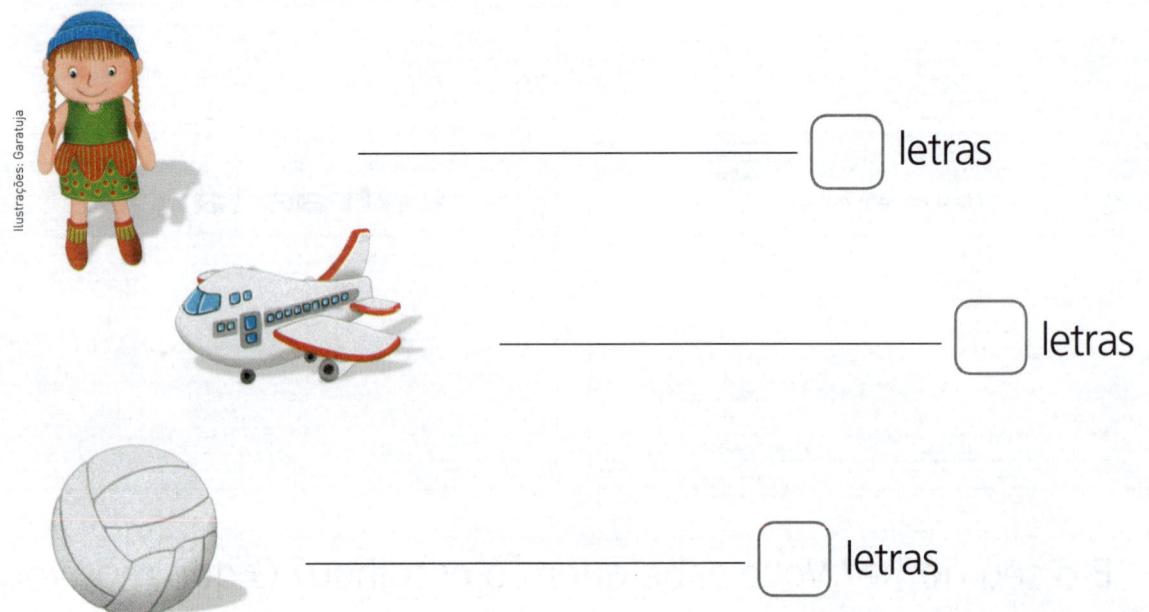

3 Vamos brincar de descobrir palavras? Escreva a primeira letra do nome de cada figura nos quadrinhos.

- Escreva a palavra que você encontrou na vertical.

_____

4 Circule as vogais das palavras a seguir.

caderno   lápis   mesa   escola

Oficina de produção

História do nome (escrita e oral)

Que tal conhecer melhor a história de seu nome e do nome dos colegas e do professor?

RECORDAR

1. Ouça o que outras duas crianças disseram sobre seus nomes.

Eu tinha uma bisavó que se chamava **Sophia**, e essa é a origem do meu nome. Outro motivo é que Sophia vem de uma palavra que significa sabedoria.

Eu sou **Francisco**, mas todo mundo me chama de Chico. Tem gente que me chama de **Chicão**, tem gente que me chama de **Chiquinho**... Meu nome é legal.

2. No mapa mental a seguir, são mostradas as principais características de um depoimento sobre a história do nome de uma pessoa. Utilize as palavras abaixo para completar os espaços no mapa mental.

| curiosidade | foto | origem |

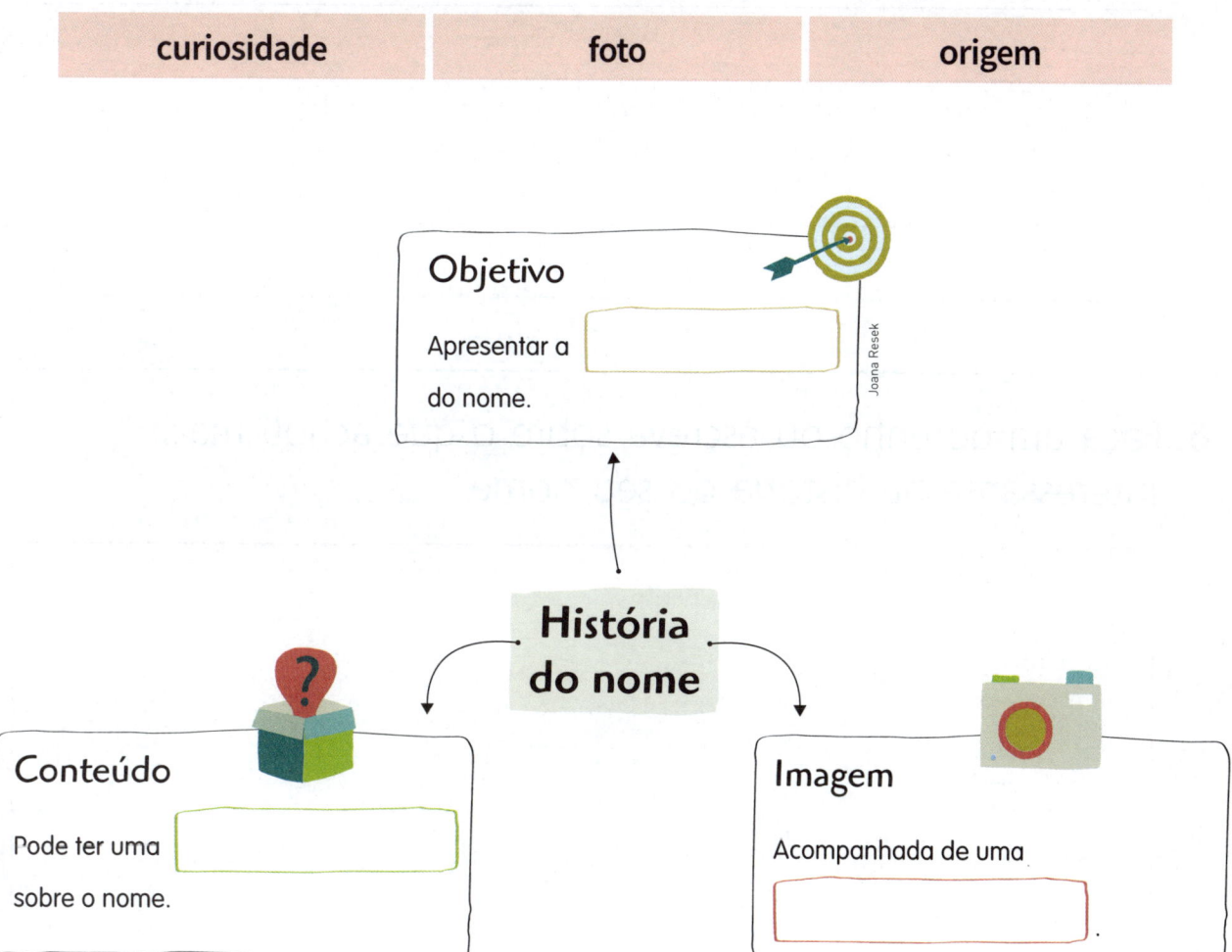

PLANEJAR

3. Pesquise para saber:
- Quem escolheu seu nome?
- Por que você recebeu esse nome?

4. Responda também:
- Você gostaria de ter outro nome? Qual?
- Você tem algum apelido? Qual?

PRODUZIR

5. Peça a um familiar que escreva a história do seu nome nas linhas abaixo.

_____
_____
_____
_____
_____
_____

6. Faça um desenho ou escreva sobre o que achou mais interessante na história do seu nome.

_____
_____
_____
_____
_____

COMPARTILHAR

7. Em uma roda de conversa, cada aluno deve contar o que descobriu a respeito de seu nome.

8. Em seguida, junto com seus colegas, organize um livro, registrando as histórias contadas sobre o nome de cada um de vocês.

9. O livro poderá fazer parte da biblioteca da turma ou da escola.

10. Pensem em um título para o livro com a história do nome dos alunos da turma. Façam um rascunho no espaço abaixo.

Conheça

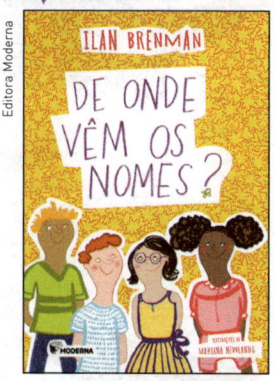

Livro
- *De onde vêm os nomes?*, de Ilan Brenman. São Paulo: Moderna, 2019.
  Neste livro, o autor conta a história de vários nomes. Será que seu nome ou o nome de uma pessoa que você conhece aparece nele?

UNIDADE 3
Brinquedos e brincadeiras

O que você vai estudar?
Gêneros
- Cantiga de roda
- Instruções de montagem

Intervalo
- Diferentes tipos de letra

O que você vai produzir?
Oficina de produção
- Receita escrita de massa de modelar (escrita)

Antes de ler

1. O professor vai ler agora o texto de uma cantiga de roda. Você conhece alguma cantiga? Qual? Conte para os colegas.

2. Com a ajuda do professor e dos colegas, leia o título da cantiga. O que será que este texto conta?

Na loja do Mestre André

Foi na loja do Mestre André
Que eu comprei um pianinho,
Plim, plim, plim, um pianinho
Ai olé, ai olé!
Foi na loja do Mestre André!

Foi na loja do Mestre André
Que eu comprei um violão,
Dão, dão, dão, um violão
Plim, plim, plim, um pianinho
Ai olé, ai olé!
Foi na loja do Mestre André!

Foi na loja do Mestre André
Que eu comprei uma flautinha,
Flá, flá, flá, uma flautinha
Dão, dão, dão, um violão
Plim, plim, plim, um pianinho
Ai olé, ai olé!
Foi na loja do Mestre André!

Foi na loja do Mestre André
Que eu comprei um tamborzinho,
Dum, dum, dum, um tamborzinho
Flá, flá, flá, uma flautinha
Dão, dão, dão, um violão
Plim, plim, plim, um pianinho
Ai olé, ai olé!
Foi na loja do Mestre André!

Domínio público.

Interagindo com a cantiga de roda

1 Segundo o texto da cantiga, quem é Mestre André? Marque um **X** na resposta correta.

☐ Ele tem uma papelaria.

☐ Ele trabalha em uma loja de computadores.

☐ Ele tem uma loja de instrumentos musicais de brinquedo, ou trabalha nela.

2 Na letra da cantiga de roda, foram citados vários instrumentos musicais que também podem ser utilizados como brinquedo.

- Pinte somente os instrumentos/brinquedos que foram citados na cantiga.

3 Complete os quadrinhos com o nome dos instrumentos/brinquedos que você coloriu. Observe como cada palavra foi escrita, assim você escreverá as letras no lugar certo.

	I	A	N	O	

V	I	O		Ã	O

	A	M		O	

	L	A	U	T	

4 Na cantiga de roda, alguns nomes de instrumento foram usados no diminutivo. Ouça a leitura do professor.

piano – pian**inho**

flauta – flaut**inha**

tambor – tamborz**inho**

- Agora, pense: por que o nome desses instrumentos aparece desse jeito na letra da cantiga? Converse com um colega.
- O nome de um dos instrumentos não aparece no diminutivo. Qual? Copie o nome dele da atividade **3**.

Intervalo

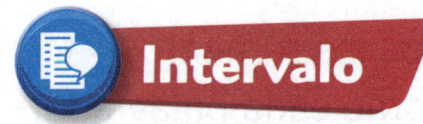

Diferentes tipos de letra

1 Encontre as palavras iguais no jogo da velha com brinquedos. Elas podem estar na horizontal, na vertical ou na diagonal.

violão	**tambor**	**PIANO**
TAMBOR	*violão* 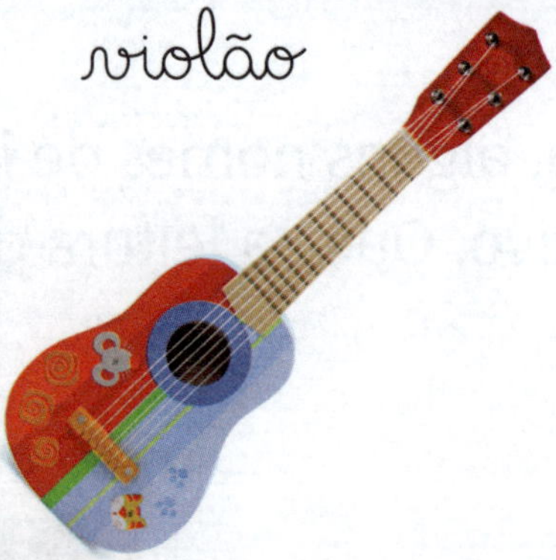 Elena Schweitzer/Shutterstock.com	*tambor* 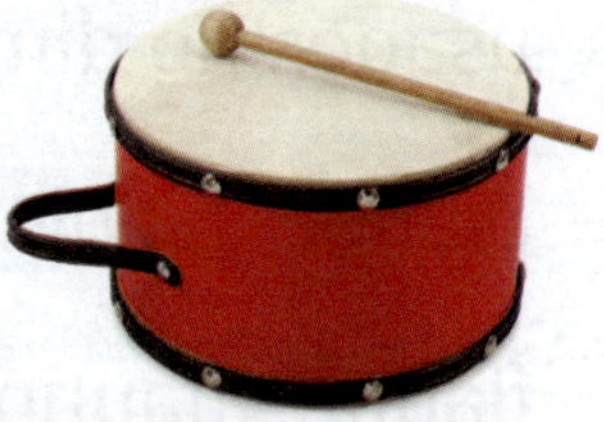 Elena Schweitzer/Shutterstock.com
piano 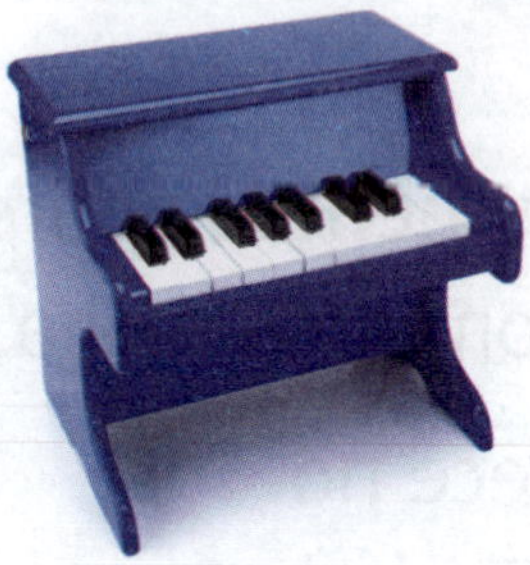 Michael Kraus/Shutterstock.com	**piano**	**VIOLÃO**

2 Em cada linha, há duas palavras iguais e uma diferente. Pinte a segunda palavra com a mesma cor com que a primeira foi pintada. Veja o modelo.

MESTRE	LOJA	*mestre*
ANDRÉ	BRINQUEDO	*André*
BRINQUEDO	MESTRE	*brinquedo*
LOJA	*loja*	ANDRÉ

3 Fale em voz alta o nome dos animais ilustrados. Em seguida, circule em cada palavra a letra que aparece em destaque.

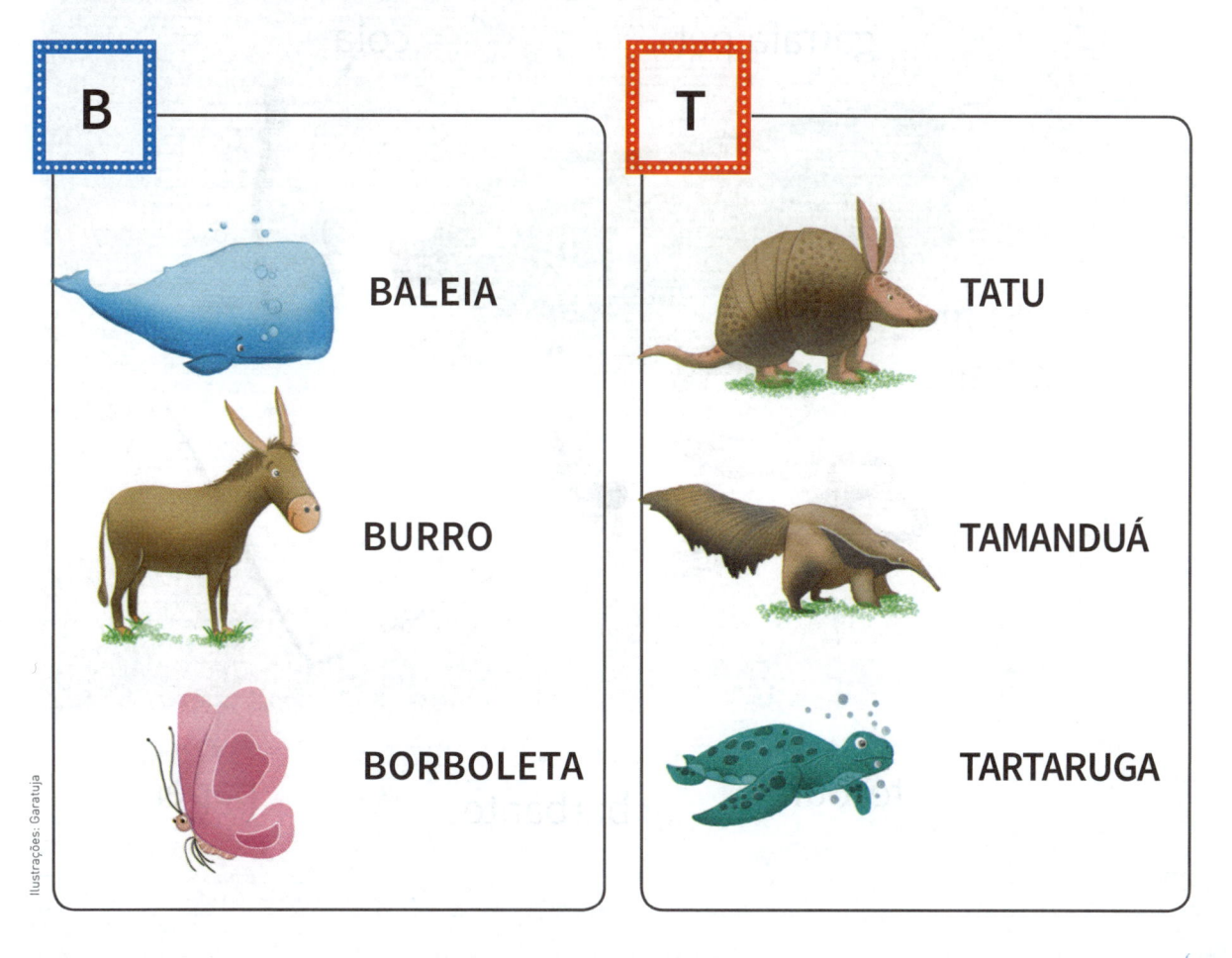

B

BALEIA

BURRO

BORBOLETA

T

TATU

TAMANDUÁ

TARTARUGA

Texto 2

Antes de ler

1. Observe as palavras e as imagens do texto a seguir. Qual parece ser o objetivo deste texto?
2. Há palavras que você consegue ler sozinho? Quais? Conte para um colega.

Bilboquê

Material

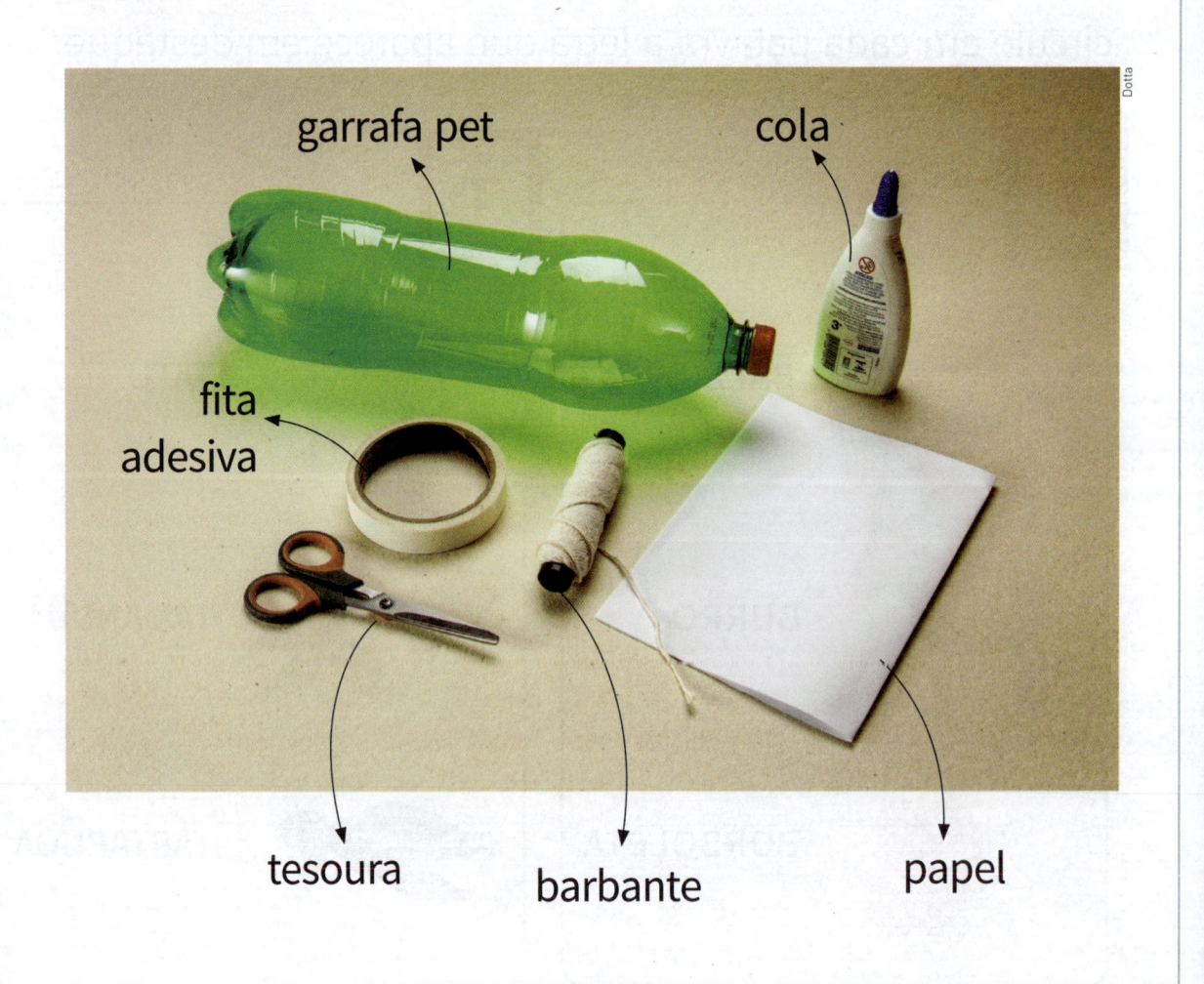

- garrafa pet
- cola
- fita adesiva
- tesoura
- barbante
- papel

Modo de fazer

1 Corte a garrafa pet ao meio. Você vai usar a parte da garrafa que tem o gargalo. Cole fita adesiva na borda dela para não machucar o dedo.

2 Faça uma bolinha de papel amassado e passe fita adesiva em volta dela para deixá-la firme.

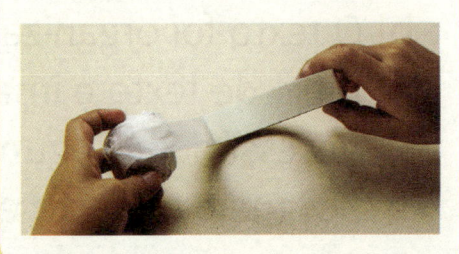

3 Prenda uma das pontas do barbante na bolinha e a outra na tampa da garrafa.

4 Este é seu bilboquê pronto!

5 Para jogar, segure o gargalo e impulsione a bolinha para cima. Tente fazê-la cair dentro do brinquedo.

Dica
Peça ajuda a um adulto para cortar a garrafa pet.

Fonte: Mapa do brincar. *Bilboquê*. Disponível em: http://mapadobrincar.folha.com.br/brincadeiras/construir/175-bilboque. Acesso em: 3 mar. 2020.

Interagindo com o texto instrucional

1 Responda ao que se pede:

a) Qual é o assunto do texto que vocês acabaram de ler? Com que objetivo ele foi escrito?

b) O texto foi organizado em duas partes. A primeira, por meio de texto e imagens, mostra o material que será necessário. A segunda mostra o "modo de fazer", também por meio de texto e imagens. Isso facilita ou dificulta a leitura e a compreensão do texto? Explique sua resposta a um colega.

c) Para quem esse texto foi escrito?

2 Numere as imagens de acordo com a ordem em que o brinquedo deve ser montado.

3 Com a ajuda do professor, você e seus colegas vão organizar na lousa uma lista dos brinquedos favoritos da turma. Escreva-a no espaço abaixo.

Oficina de produção

Receita escrita de massa de modelar

Vamos aprender a fazer massa de modelar?

RECORDAR

1. Utilize as palavras do quadro para completar o mapa mental a seguir e recordar as características de um texto instrucional.

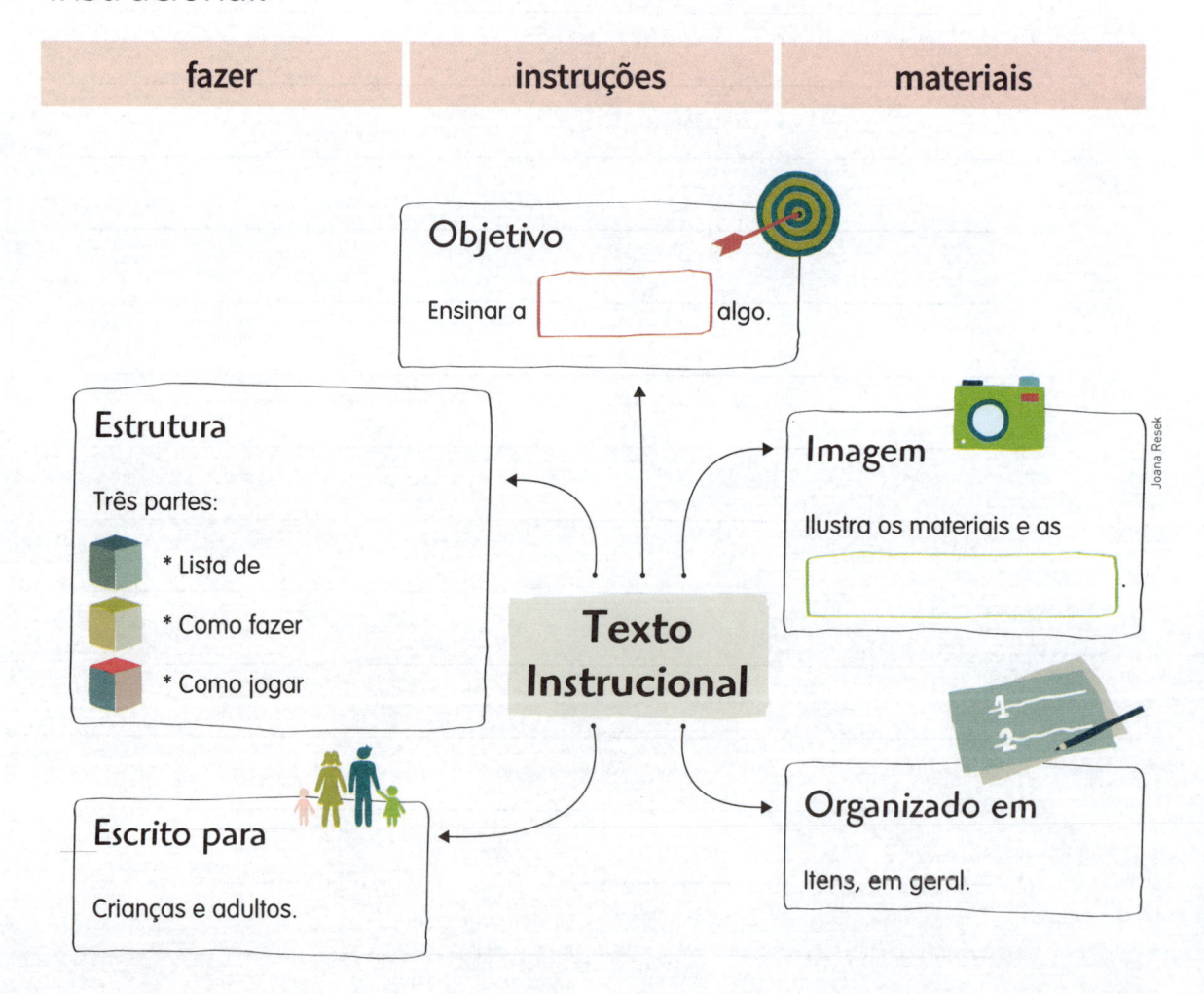

| fazer | instruções | materiais |

Objetivo
Ensinar a _____ algo.

Estrutura
Três partes:
* Lista de
* Como fazer
* Como jogar

Imagem
Ilustra os materiais e as _____.

Texto Instrucional

Escrito para
Crianças e adultos.

Organizado em
Itens, em geral.

PLANEJAR

2. Com a ajuda do professor, leia a lista de ingredientes para fazer a massa de modelar.

Ingredientes

- 1/2 xícara de sal
- 1 xícara de água
- 2 xícaras de farinha de trigo
- 1/2 colher de sopa de óleo de soja
- Corante alimentício (cores diversas)

PRODUZIR

3. Observe as imagens a seguir que mostram os passos para fazer a massa de modelar. Em seguida, escreva, em uma folha avulsa, com a ajuda do professor e da turma, a receita completa dessa massa, listando os ingredientes e o modo de fazer.

COMPARTILHAR

4. No recreio, chame os colegas para brincar com a massa de modelar pronta e compartilhe a receita com eles!

Conheça

Livro

- *Poemas e comidinhas*, de Roseana Murray e André Murray. São Paulo: Paulus, 2008.
  A autora Roseana Murray cria poemas, enquanto seu filho, o *chef* André Murray, apresenta receitas saborosas e fáceis de fazer.

UNIDADE 4
Entre amigos

ANIVERSÁRIO DO CAIO

O que você vai estudar?
Gêneros
- Capa de livro
- Convite de aniversário

Intervalo
- Sílabas iniciais e finais

O que você vai produzir?
Oficina de produção
- Convite de aniversário

Texto 1

Antes de ler

1. Observe as capas de livro a seguir. Que palavras presentes nelas você consegue ler sozinho?

2. Qual das capas apresentadas mais chamou sua atenção? Por quê? Conte para um colega.

CAPAS DE LIVROS

▶ Capa do livro *Meu amigo Etevildo*, de Telma Guimarães Castro Andrade, Editora do Brasil.

▶ Capa do livro *Pécus, um amigo muito espacial*, de Walter Sardinha, Cortez Editora.

▶ Capa do livro *As cantigas de Lia*, de Rosinha, Editora do Brasil.

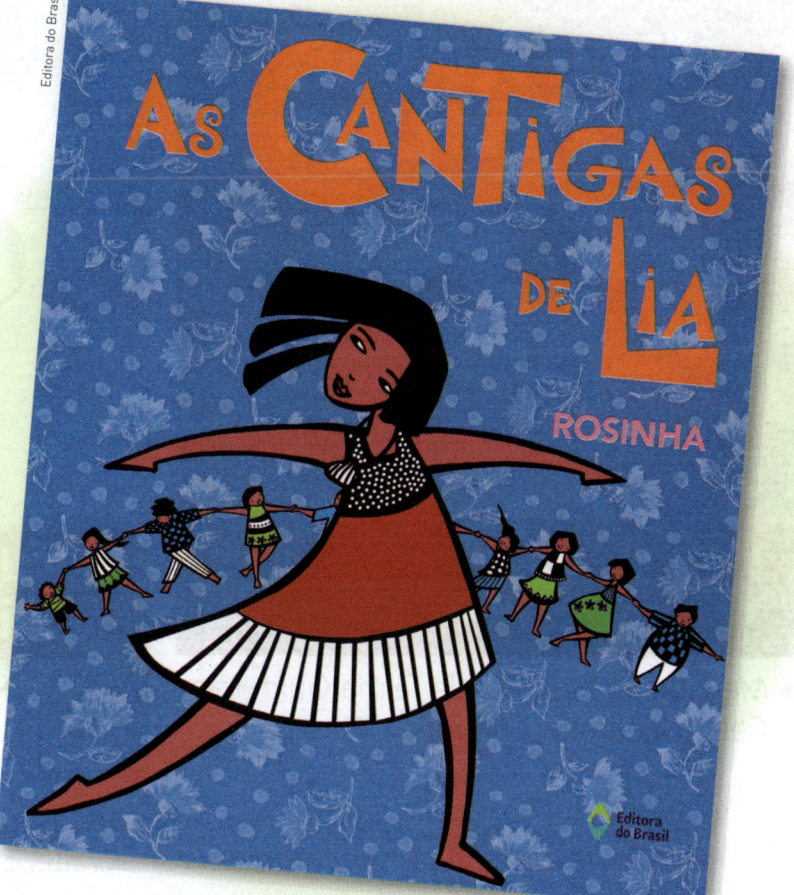

Interagindo com capas de livros

1 Responda oralmente:

a) Você viu a capa de três livros. Qual parece ser a temática comum entre as duas primeiras capas?

b) No título da segunda capa, por que o autor utiliza a palavra **espacial** em vez de **especial**?

c) Como será a história contada em *As cantigas de Lia*?

d) Para você, por que é importante ter amigos?

2 Circule a palavra que se repete nos títulos dos livros a seguir.

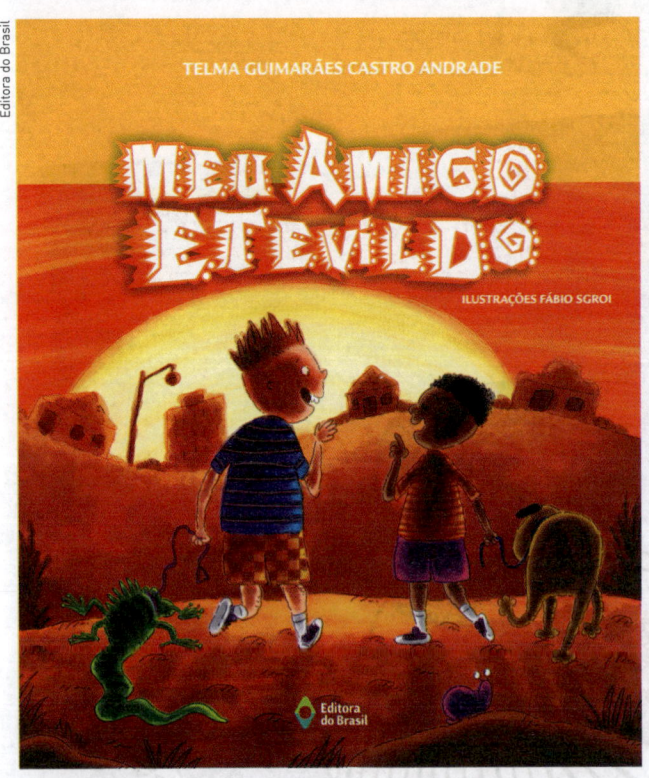

▶ *Meu amigo Etevildo*, de Telma Guimarães Castro Andrade, Editora do Brasil.

▶ *Pécus, um amigo muito espacial*, de Walter Sardinha, Cortez Editora.

3 Quem são seus melhores amigos? Do que você mais gosta neles?

a) Fale para a turma sobre eles e ouça o que os colegas têm a contar.

b) Desenhe seus melhores amigos nos espaços abaixo. Escreva o nome deles ao lado de cada desenho.

Intervalo

Sílabas iniciais e finais

1 Você sabia que, mudando algumas sílabas em uma palavra, podemos descobrir novas palavras?
Veja a seguir.

a) Observe as sílabas das palavras **mula** e **boto**.

b) Complete as palavras do quadro 1 com as sílabas do quadro verde e as palavras do quadro 2 com as sílabas do quadro azul.

1

mu**la**		**mu**la	
_____	la	mu	_____
_____	la	mu	_____
_____	la	mu	_____
_____	la	mu	_____

ral	go
ce	lher
co	ro
bu	mo

2

bo**to**		**bo**to	
_____	to	bo	_____
_____	to	bo	_____
_____	to	bo	_____
_____	to	bo	_____

ca	ba
ra	lo
te	la
gri	ma

2 Leia as palavras abaixo com o professor. Sublinhe as letras que são diferentes nos pares de palavras.

| rede/sede | amigo/amiga | boca/bota |

| mala/mola | sala/sola | bola/bala |

3 Solucione as charadas com um colega e faça o que se pede:

- Pinte o desenho de acordo com a resposta.
- Escreva na linha o que você respondeu.

a) O que é, o que é?
Tem coroa, mas não é rei.
Tem escamas, mas não é peixe.

É o _____.

b) O que é, o que é?
Tem bico, mas não pia.
Tem asa, mas não voa.

É o _____.

c) O que é, o que é?
É verde como o mato, mas mato não é,
fala como gente, mas gente não é.

É o _____.

Texto 2

Antes de ler

1. Muitas pessoas costumam convidar amigos e familiares para comemorar a nova idade, a cada ano, com uma festa. Para isso, fazem convites. Você já recebeu um convite de aniversário? E já enviou convites do seu aniversário a amigos e familiares?

CONVITE DE ANIVERSÁRIO

Renato

Venha comemorar comigo meu aniversário de 7 anos!

Dia: 12 de maio

Horário: 18 horas

Local: Rua das Flores, número 9, Bairro dos Bosques

Você não pode faltar!

Aline

Interagindo com o convite

1. Por que Aline entregou o convite para Renato? Marque um **x**.

   ☐ Para ensinar uma brincadeira ao amigo.

   ☐ Para chamar o amigo para sua festa de aniversário.

   ☐ Para mandar um recado ao amigo.

2. Quantos anos a aniversariante vai fazer? Escreva a resposta e desenhe um bolo e a quantidade de velas que representa a idade dela.

   ☐ anos

   Agora, escreva quantos anos você vai fazer.

   ☐ anos

3. Um convite contém informações importantes para quem vai a uma festa. Volte ao convite que Aline entregou para Renato e pinte estas informações com as cores indicadas.

   🟥 O dia e o mês em que a festa acontecerá.

   🟦 O horário de início da festa.

   🟧 O local onde a festa acontecerá.

   🟩 Nome da aniversariante.

   🟨 Nome do amigo que ela convidou.

Oficina de produção

Convite de aniversário

Muitas pessoas gostam de reunir amigos e familiares para comemorar um novo ano de vida. Como você e seus colegas fazem aniversário em meses diferentes, que tal escolher uma data para celebrar o dia de todos da turma?

RECORDAR

1. Observe no mapa mental a seguir as principais características de um convite de aniversário. Utilize as palavras a seguir para completar o que está faltando.

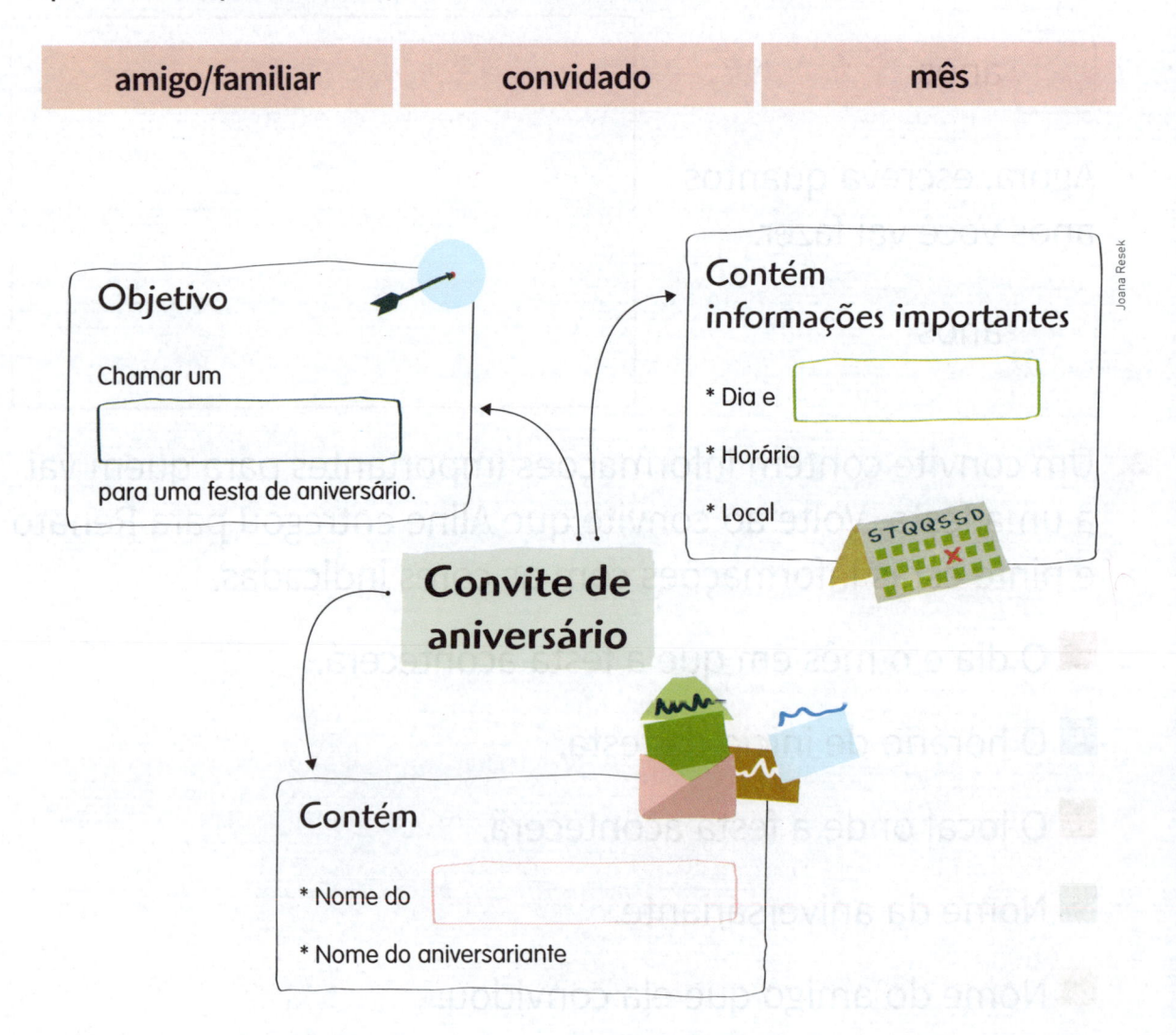

| amigo/familiar | convidado | mês |

Objetivo
Chamar um _____ para uma festa de aniversário.

Contém informações importantes
* Dia e _____
* Horário
* Local

Convite de aniversário

Contém
* Nome do _____
* Nome do aniversariante

52

PLANEJAR

2. Primeiro, peçam autorização à direção da escola para a festa da turma. Depois, com a ajuda do professor, comecem a planejá-la. O passo seguinte é escolher a data, o horário e o local em que a festa será realizada.

3. Façam um sorteio para saber para qual colega cada um de vocês vai mandar um convite. Afinal, todos serão os convidados e também os aniversariantes!

PRODUZIR

4. Escreva o texto do convite. Lembre-se das informações que um convite deve conter.
- O nome da pessoa que está sendo convidada;
- Uma frase explicando a finalidade do convite;
- A data, o horário e o local do evento;
- O nome da pessoa que faz o convite.

COMPARTILHAR

5. Entregue o convite para o colega que você sorteou para ser seu "convidado especial".

Conheça

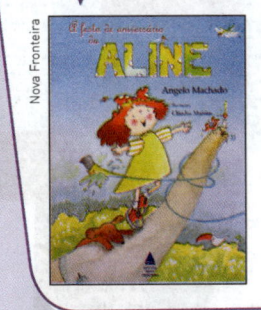

Livro
- *A festa de aniversário da Aline*, de Angelo Machado. São Paulo: Nova Fronteira, 2007.
  Em sua festa de aniversário, Aline recebeu convidados bem diferentes: animais! Veja como coisas engraçadas acontecem nessa festa.

UNIDADE 5

Amigo bicho

POSTO DE VACINAÇÃO ANTIRRÁBICA

O que você vai estudar?
Gêneros
- Campanha
- Conto

Intervalo
- Sinônimos e antônimos

O que você vai produzir?
Oficina de produção
- Bichionário

Texto 1

Antes de ler

1. Observe o texto a seguir. Nele, uma palavra aparece com mais destaque. Qual é ela? Circule.

2. Você sabe o que essa palavra significa? Converse com um colega e, ao final, expliquem para a turma e o professor o significado da palavra.

Campanha de vacinação antirrábica

CAMPANHA DE VACINAÇÃO ANTIRRÁBICA

22/09 | 9h às 17h

A vacinação é gratuita.

contagem.mg.gov.br
/PrefeituraContagem

SUS

Secretaria de Saúde

PREFEITURA CONTAGEM

Prefeitura de Contagem. *Campanha de vacinação antirrábica*. Disponível em: http://www.contagem.mg.gov.br/debemcomavida/vem-ai-a-campanha-de-vacinacao-antirrabica/. Acesso em: 20 out. 2020.

VACINAÇÃO →

Interagindo com a campanha

1 Marque um **X** na resposta correta. A peça publicitária traz informações sobre uma campanha que envolve:

☐ alimentação.

☐ vacinação de animais.

☐ veterinários.

2 Sobre a campanha de conscientização, responda:

a) De acordo com a imagem presente na peça publicitária, que animais devem ser vacinados?

b) Que doença os animais podem contrair se não tomarem a vacina?

c) Em que dia e horário ocorrerá a vacinação?

d) Quem está patrocinando a campanha? Onde você achou essa informação?

3 Pinte a resposta.

A palavra **gratuita** significa que:

É preciso pagar para vacinar os animais.

Não é preciso pagar para vacinar os animais.

Ilustrações: Garatuja

Texto 2

Antes de ler

1. Leia o título do texto. Quem será Silva Jr.?
2. Observe a ilustração. O que ela mostra?

Silva Jr.

Todo mundo sabe que o sorriso do cachorro está no rabo. Mas esse não é bem o caso de Silva Jr., que sorria como gente, repuxando os lábios para trás e deixando os dentes à mostra. Por causa disso, muita gente pensava que Silva Jr., um vira-lata muito simpático, era um cachorro bravo.

Tudo ia bem, até o dia em que a Belinha, a vizinha, chamou a carrocinha. Momentos tensos se seguiram. Quase todos os meninos estavam na escola. Só Carlinhos, que tinha quatro anos, estava em casa. E foi ele que saiu para defender Silva Jr.: "Não o levem… Ele é meu!". "Como pode provar?", Disseram os homens da carrocinha. "Ele sorri para mim, quando eu peço. Querem ver?" E Silva Jr. sorriu.

"Ele pode sorrir também para vocês!" E Silva Jr. abriu um largo sorriso para os homens. Eles ficaram tão encantados, que voltaram, em paz, para a carrocinha.

Dilea Frate. Silva Jr.
In: *Histórias para acordar*.
São Paulo: Companhia das Letrinhas, 1996. p. 55.

Quem é a autora?

Dilea Frate nasceu em 1953, na cidade de São Paulo. É jornalista, escritora e diretora de cinema e TV. Em *Histórias para acordar* há 60 contos que foram escritos para ser lidos por telefone, em 1 minuto, e depois reunidos e transformados em livro.

Interagindo com o conto

1 Marque um **X** na resposta que você considera correta.

a) Silva Jr. era:

☐ o cachorro de Belinha.

☐ um vira-lata muito simpático.

b) Silva Jr. era um cão diferente dos outros porque:

☐ sorria com o rabo.

☐ sorria como gente.

2 O professor vai ler algumas palavras que descrevem o cão Silva Jr. Circule essas palavras entre as apresentadas abaixo.

simpático

sorridente

bravo

sem dentes

vira-lata

3 Converse com os colegas.

a) O que é carrocinha?

b) Em sua opinião, por que Belinha chamou a carrocinha?

4 Pinte os balões com as falas de Carlinhos usadas para defender Silva Jr. dos homens da carrocinha.

> Não o levem... Ele é meu!

> Ele pode sorrir também para vocês!

> Como pode provar?

> Ele sorri para mim, quando eu peço. Querem ver?

5 Agora o professor vai ler um trecho do texto "Silva Jr.". Escute com atenção.

> Tudo ia bem, até o dia em que a Belinha, a vizinha, chamou a carrocinha. Momentos tensos se seguiram. Quase todos os meninos estavam na escola. Só Carlinhos, que tinha quatro anos, estava em casa. E foi ele que saiu para defender Silva Jr.

- Onde a história se passa?

    ☐ Na casa do Carlinhos.

    ☐ Na escola.

    ☐ Na rua onde o vira-lata vivia.

6 Veja a capa do livro no qual a história do Silva Jr. foi publicada.

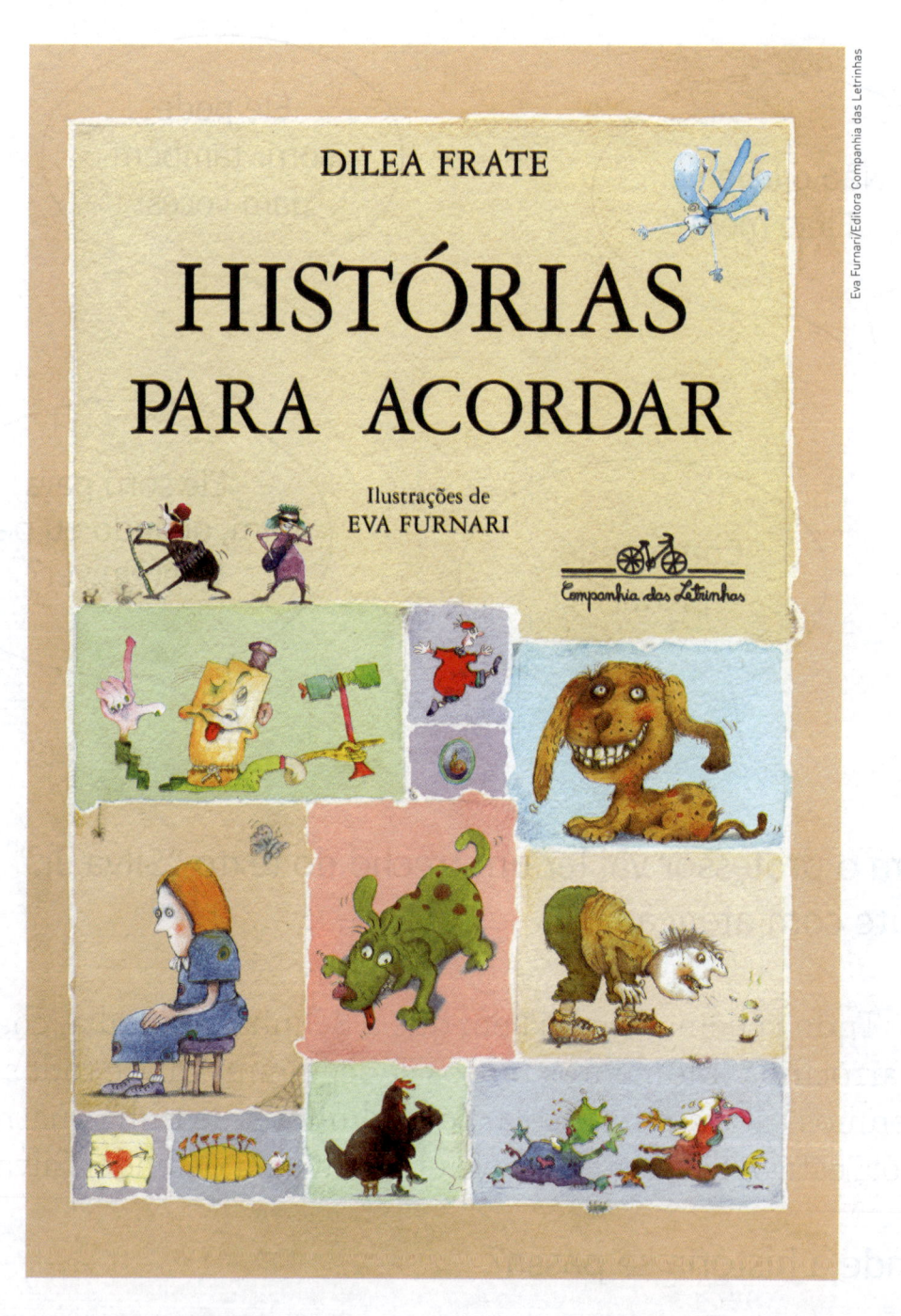

Silva Jr. é o **personagem** principal da história que você leu. Circule-o na capa do livro.

Personagem é quem participa de uma história, realizando ações.

7 Treine para recontar a história para um colega ou um familiar. Para isso, observe as cenas e tente se lembrar de todos os detalhes.

Intervalo

Sinônimos e antônimos

1. Ouça a leitura de um poema sobre um animal bem... lento.

> O caramujo
> Vai de mansinho
> Leva a casa
> Nas costas...
> Deixa um fio
> Brilhante como um rastro /
>   caminho]
> No chão...
>
> A gente
> Muda de casa
> Enche a carroça
> De tralha
> De um tudo:
> – Colchão, fogão,
> Cadeira, flores,
> Cachorro, passarinho...
> E um vazio,
> Tiquinho de saudade
> Marcas no coração.

Marilda Ladeira. *Viver poesia*. Juiz de Fora: Funalfa, 2011.

2 Represente no espaço reservado na página anterior, por meio de um desenho, a primeira estrofe do poema.

3 Com suas palavras, reconte a segunda estrofe do poema. Observe a ilustração e explique o que a gente leva de uma casa quando se muda. Ouça as respostas dos colegas.

4 Para você, qual é o sentido, nos versos finais da segunda estrofe, de "marcas no coração"?

"Marcas no coração" têm o mesmo sentido que...

_____

_____

5 Na coluna da esquerda, foram destacadas algumas expressões dos versos que você leu sobre o caramujo. Ligue essas expressões às da coluna da direita que tenham o mesmo sentido.

O caramujo
Vai **de mansinho**

pouquinho

devagar

E um vazio,
Tiquinho de saudade
Marcas no coração.

6 Complete as lacunas a seguir usando o contrário das expressões destacadas nos versos. Caso queira, você pode usar as expressões indicadas no quadro abaixo para completá-las.

depressa	muita	bastante	rapidamente

O caramujo / Vai de **mansinho** _____

Leva a casa / Nas costas...

[...]

E um vazio,

Tiquinho _____ de saudade

Marcas no coração.

7 Vamos ajudar o caramujo a chegar ao seu destino? Ele deve ir para a esquerda ou para a direita? Trace o caminho para o caramujo e, depois, na placa ao lado da casa, escreva um nome para ele.

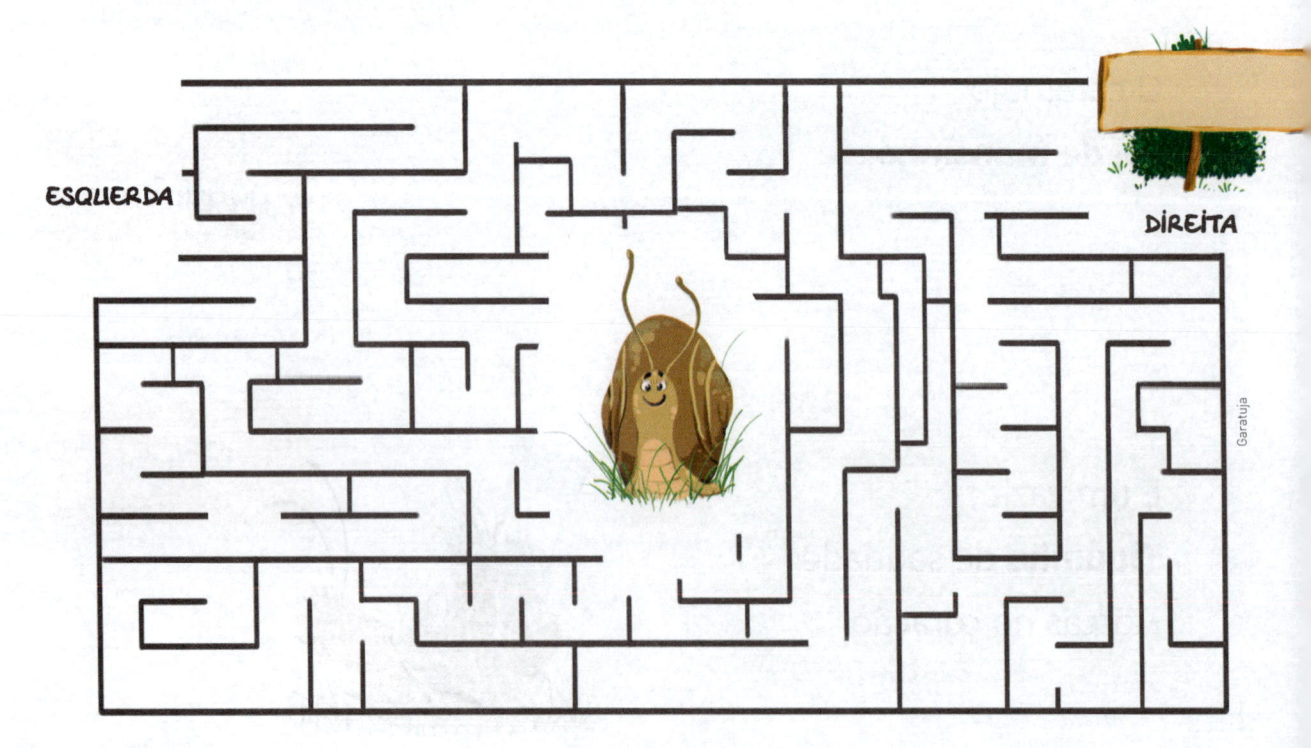

ESQUERDA

DIREITA

Oficina de produção

Bichionário

Nesta unidade você leu um folheto de campanha de conscientização e um conto que tratam de animais domésticos. Que tal agora preparar um bichionário juntamente com seus colegas e seu professor?

Bichionário é um dicionário de animais. Nele, são dadas algumas informações sobre animais. Depois de pronto, o bichionário será doado à biblioteca da escola e os alunos de todas as salas poderão consultá-lo!

CONHECER

1. Observem no mapa mental as principais características do bichionário. Utilize as palavras a seguir para preencher o que está faltando.

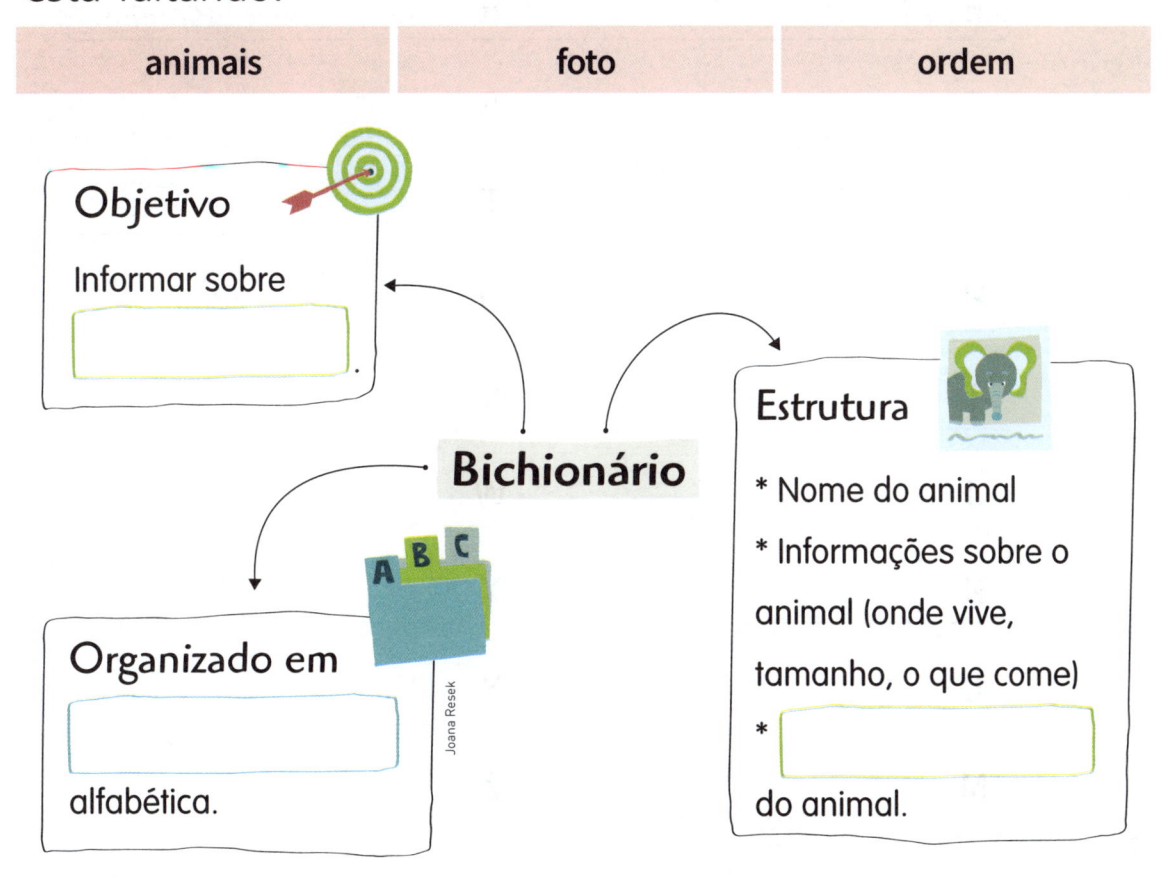

| animais | foto | ordem |

Objetivo

Informar sobre _____.

Bichionário

Organizado em _____ alfabética.

Estrutura

* Nome do animal
* Informações sobre o animal (onde vive, tamanho, o que come)
* _____ do animal.

67

PLANEJAR

2. Com a ajuda do professor, façam uma lista de nomes de animais. Vocês falam e o professor escreve no quadro. Depois, todos escrevem o nome dos animais escolhidos nas linhas a seguir.

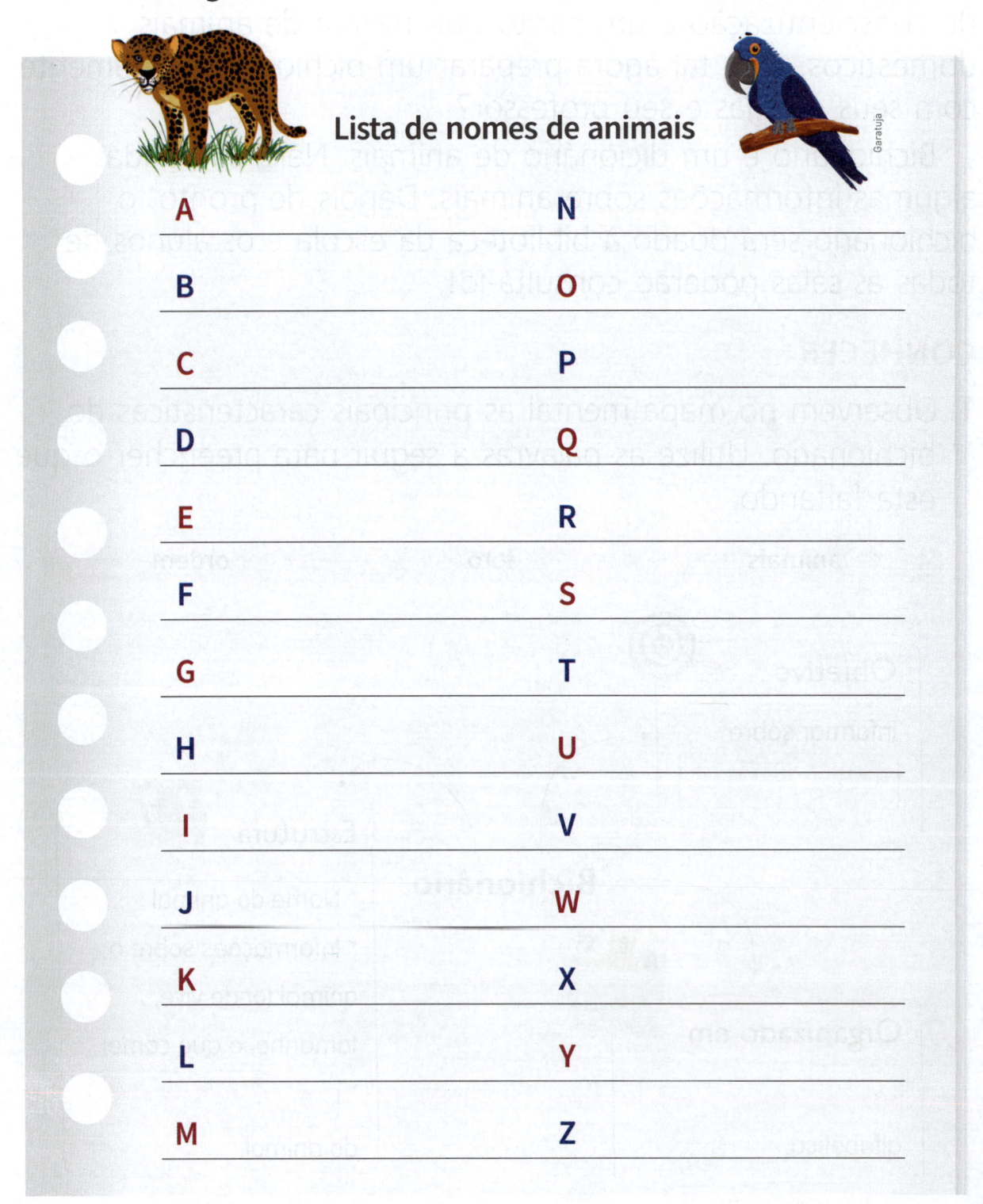

Lista de nomes de animais

A	N
B	O
C	P
D	Q
E	R
F	S
G	T
H	U
I	V
J	W
K	X
L	Y
M	Z

PRODUZIR

3. O professor vai sortear uma letra para cada aluno.

   a) Escreva a letra que você recebeu: _____

   b) Escreva o nome de um animal que começa com essa letra:

   _____

4. Procure uma foto desse animal em revistas antigas, em jornais ou na internet. Você também pode fazer um desenho.

5. Cole a foto ou o desenho em uma folha de papel sulfite.

6. O título da foto ou do desenho deve ser o nome do animal.

7. Com a ajuda de uma pessoa da família, escreva algumas informações sobre esse animal. Por exemplo: onde ele vive, de que se alimenta, qual é o seu tamanho, se vive sozinho ou em bandos e outras informações interessantes que você encontrar.

COMPARTILHAR

8. Entregue seu trabalho para o professor. Ele vai organizar todas as folhas em ordem alfabética, montar o bichionário e doá-lo à biblioteca da escola.

Conheça

Vídeo
- Programa *Abz do Ziraldo* (Episódio: Dilea Frate no Abz do Ziraldo). O vídeo apresenta uma entrevista com a escritora brasileira Dilea Frate (10 min). Disponível em: https://www.youtube.com/watch?v=0fcM_3MplvM. Acesso em: 20 out. 2020.

UNIDADE 6
Mundo animal

JABUTI: RÉPTIL

O que você vai estudar?
Gêneros
- Poema
- Fichas informativas

Intervalo
- Rima

O que você vai produzir?
Oficina de produção
- Ficha informativa

Texto 1

Antes de ler

1. Observe o texto a seguir. O que você consegue ler sozinho?
2. Você já ouviu falar sobre o jabuti? O que você sabe sobre o jeito de caminhar desse animal?
3. Acompanhe a leitura do professor.

Seu Jabuti

Iacyr Anderson Freitas

Seu Jabuti não tem pressa,
vai lento pelo caminho
— *Viver, sim, é bom à beça* —
diz ele, devagarinho.

Levo a casa no cangote
e onde posso faço pouso
Para que ninguém me **enxote**
me escondo dentro, em repouso.

Levo essa casa comigo
e bem presa na cacunda.
No lugar para onde sigo
chove uma chuva profunda.

Assim em mim busco abrigo,
entro-me todo no casco,
pode chover que nem ligo.
com chuva ou sol não me lasco.

Lá vai ele pelo caminho,
sem correria e sem pressa,
dizendo sempre e baixinho:
— Viver é que é bom à beça.

Iacyr Anderson Freitas e outros autores. Seu Jabuti. In: *O cavalo alado e outros poemas*. Juiz de Fora: Mary e Eliardo França Editora/ Zit Editores, 2004.

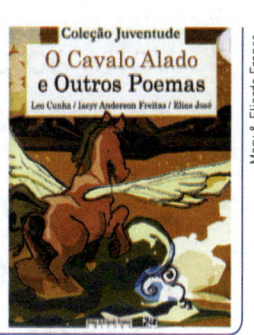

Glossário

Enxotar: Afastar, expulsar.

Quem é o autor?

Iacyr Anderson Freitas nasceu em Patrocínio do Muriaé, em Minas Gerais, em 1963. Escreve contos e poemas. Seus textos foram publicados em diversos países, como Argentina, Chile, Colômbia, Espanha, Estados Unidos, França, Itália e Portugal.

Interagindo com o poema

1 Localize o título do texto. Complete-o no espaço a seguir.

☐☐☐   ☐☐☐☐☐☐

2 No poema, o Jabuti diz: "Levo a casa no cangote". O que significam as palavras **casa** e **cangote** nesse verso? Conte a sua resposta para um amigo.

3 O Jabuti diz que "viver é que é **bom à beça**". O que significa essa afirmação do personagem? Marque com um **X** a resposta mais adequada.

☐ Viver é muito perigoso.

☐ Viver é muito bom.

☐ Viver é correr para todo canto.

4 Volte ao poema "Seu Jabuti" e numere de 1 a 5 as divisões do poema, chamadas de **estrofes**.

5 Preste atenção na leitura que o professor vai fazer da primeira e da última estrofe.

a) Pinte de **azul** as partes do poema que representam falas do Seu Jabuti.

b) Copie uma dessas falas no espaço abaixo.

_____

_____

6 Releia os versos abaixo e marque um **X** nas respostas certas.

> *Levo essa casa comigo*
> *e bem presa na cacunda.*
> *No lugar onde sigo*
> *chove uma chuva profunda.*
>
> *Assim em mim busco abrigo,*
> *entro-me todo no casco,*
> *pode chover que nem ligo.*
> *com chuva ou sol não me lasco.*

a) O que é **cacunda**, onde o Jabuti leva sua casa bem presa?

☐ A cabeça do Jabuti.

☐ As pernas do Jabuti.

☐ As costas do Jabuti.

b) O que significa a expressão "não me lasco"?

☐ Não tenho problema.

☐ Não tenho sono.

☐ Não tenho vontade.

c) Reescreva o primeiro verso da segunda estrofe desta atividade, substituindo a palavra **abrigo** por outra de mesmo sentido.

_____

_____

Intervalo

Rima

1 Releia os versos a seguir:

> Levo a casa no cangote
> e onde posso faço pouso
> para que ninguém me enxote
> me escondo dentro, em repouso.
>
> Levo essa casa comigo
> e bem presa na cacunda.
> No lugar para onde sigo
> chove uma chuva profunda.

Rimas são palavras que terminam com sons iguais ou semelhantes.

a) Pinte as palavras que rimam no poema. Siga a legenda:

■ palavra que rima com **cangote**.

■ palavra que rima com **comigo**.

b) Com um colega, encontre mais duas rimas para essas palavras.

cangote: _____

comigo: _____

2 O professor vai reler a estrofe a seguir em voz alta. Circule as palavras que rimam com aquelas destacadas nos dois versos iniciais.

Seu jabuti não tem **pressa**,
vai lento pelo **caminho**
— *Viver, sim, é bom à beça* —
diz ele, devagarinho.

3 O professor vai ler uma versão da parlenda "Corre, cutia".

Corre, cutia,
na casa da tia.
Corre, cipó,
na casa da avó.

Lencinho na mão
caiu no chão.
Moça bonita
do meu coração.

Parlenda folclórica.

a) Agora, o professor vai ditar algumas palavras da parlenda e você vai pintá-las no livro com as cores indicadas.

b) Escreva nos retângulos a palavra correspondente a cada cor, de acordo com o que você coloriu na parlenda.

c) Que palavras da parlenda rimam com as palavras abaixo?

tia _____

avó _____

mão _____

Texto 2

Antes de ler

1. Observe as imagens que acompanham o texto. Você já viu os animais que aparecem nelas? Você sabe o nome deles?

2. Os animais destas fotos estão na lista dos **criticamente em perigo de extinção**. Você sabe o que isso quer dizer? Converse com um colega. Dê a sua opinião e ouça a dele.

Fichas informativas

Nome popular: baleia-azul
Tamanho: cerca de 27 metros de comprimento
Peso: em média, 120 toneladas
Onde é encontrada: em todos os oceanos do planeta
Expectativa de vida: cerca de noventa anos
Hábitat: no inverno, costuma migrar para as regiões tropicais, onde se reproduz. No verão, retorna às regiões polares para se alimentar
Motivo da busca: animal ameaçado de extinção

Nome popular: ararinha-azul
Tamanho: em média, de 27 a 56 centímetros, mais 35 centímetros de cauda
Peso: 350 gramas
Onde é encontrada: na região semidesértica do Nordeste do Brasil
Hábitat: Caatinga
Motivo da busca: animal extinto na natureza

Nome popular: lontra
Tamanho: até 1 metro de comprimento
Peso: de 5 a 12 quilos
Onde é encontrada: nos rios de todo o Brasil, e também desde o México até a Argentina; na região do Pantanal são abundantes
Hábitat: rios e áreas inundáveis da Amazônia, da Mata Atlântica, do Cerrado, parte da Caatinga e do Pantanal
Motivo da busca: animal ameaçado de extinção

Nome popular: tamanduá-
-bandeira
Tamanho: cerca de 1,20 metro de comprimento mais 90 centímetros de cauda
Peso: 40 quilos, em média
Onde é encontrado: Américas do Sul e Central
Hábitat: florestas, savanas e cerrados
Motivo da busca: animal ameaçado de extinção

Fonte de pesquisa: Vários autores. *Procura-se!* Galeria de animais ameaçados de extinção. São Paulo: Companhia das Letrinhas, 2007. p. 14, 16, 30, 52.

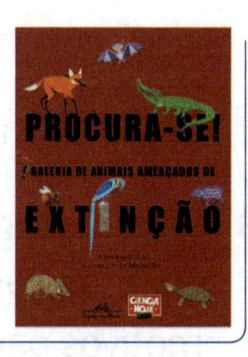

Interagindo com as fichas informativas

1 Escreva o nome dos quatro animais apresentados no texto.

_____

_____

_____

_____

- Compare suas respostas com a escrita do nome dos animais no texto. Reescreva o que for necessário.

2 Identifique o animal de acordo com a característica apresentada.

a) Vive na água.

☐ Baleia-azul. ☐ Ararinha-azul.

b) É o mais leve.

☐ Lontra. ☐ Ararinha-azul.

c) É o menor.

☐ Lontra. ☐ Tamanduá-bandeira.

d) Tem a maior cauda.

☐ Tamanduá-bandeira ☐ Ararinha-azul.

3 Você leu algumas informações sobre animais ameaçados de extinção. Qual animal você achou mais interessante? Conte os motivos para um colega.

4 Circule o nome dos animais que não aparecem nas fichas informativas. Depois, pinte o nome de dois animais cujo nome começa com a mesma letra que inicia a palavra **tamanduá-bandeira**.

> tartaruga-da-amazônia   veado-campeiro
>
> tatu-bola   lontra   cutia
>
> onça-pintada   ararinha-azul

5 Ligue o nome do animal à foto correspondente. Em seguida, identifique com um **X** o animal cujo nome também começa com a letra que inicia a palavra **tamanduá-bandeira**.

mico-leão-dourado

urso-panda

jaguatirica

tucano

peixe-boi

81

Oficina de produção

Ficha informativa

Agora você vai inventar um animal e produzir uma ficha informativa sobre ele.

RECORDAR

1. Observe no mapa mental a seguir as principais características da ficha informativa. Utilize as palavras a seguir para completar o que está faltando.

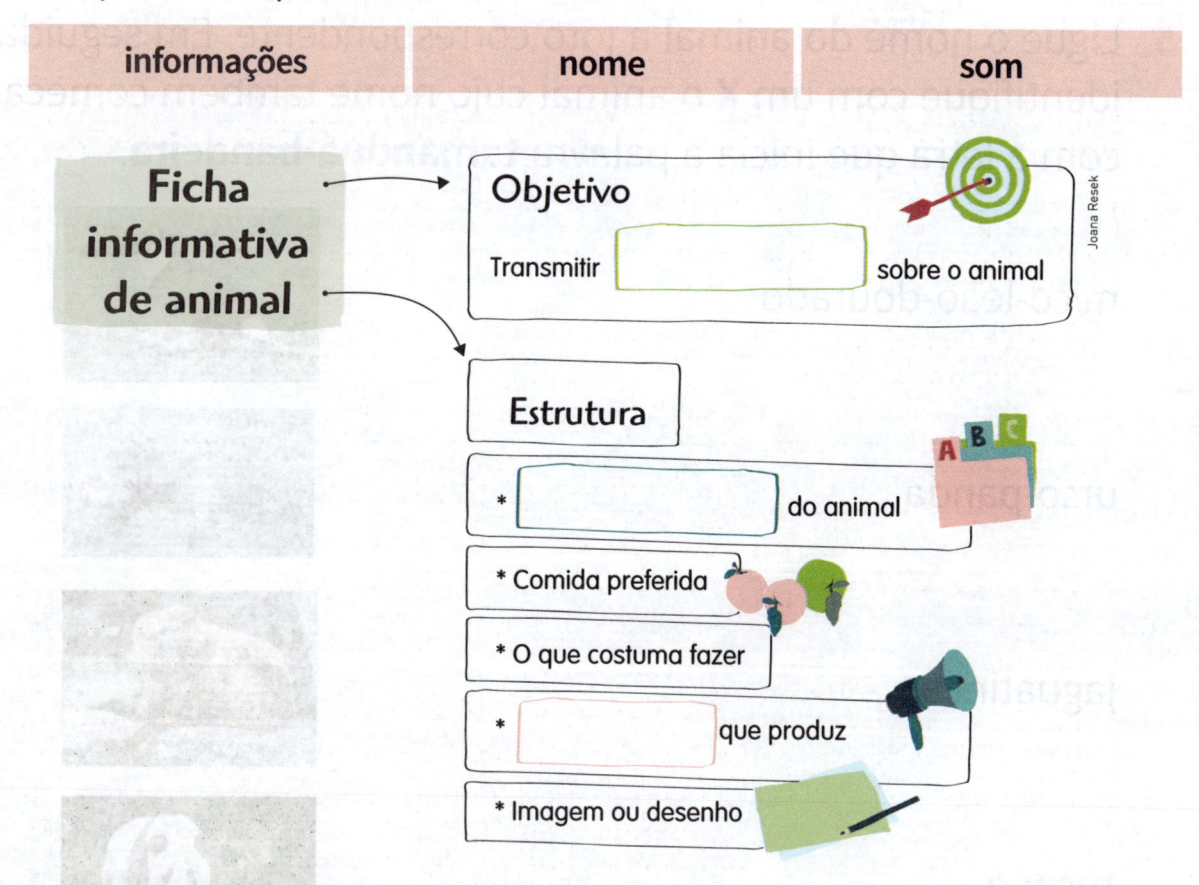

| informações | nome | som |

Ficha informativa de animal

Objetivo
Transmitir _____ sobre o animal

Estrutura
* _____ do animal
* Comida preferida
* O que costuma fazer
* _____ que produz
* Imagem ou desenho

Joana Resek

PLANEJAR

2. Como será o animal que você vai inventar? Imagine: ele é grande ou pequeno? Será um animal terrestre, aquático ou aéreo? Faça o registro de suas ideias no caderno, desenhando ou escrevendo, e mostre a um colega.

PRODUZIR

3. Imagine que esse animal existe. Crie um nome para ele.

4. Observe o animal que você inventou. Tente imaginar as seguintes informações sobre ele:
- O que esse animal costuma comer?
- Como os pais fazem para cuidar dele?
- Qual barulho ele faz quando está contente?

5. Preencha a ficha informativa no seu caderno com os dados que você imaginou.

> O animal que inventei se chama _____.
> Ele gosta de comer _____.
> Quando ele era filhote, os pais dele o ensinaram a _____
> _____.
> Quando está contente, ele faz um som assim: _____
> _____.

COMPARTILHAR

6. Mostre aos colegas o animal que você inventou e observe a criação deles.

Conheça

Livros

- *Abecedário dos bichos brasileiros*, de Geraldo Valério. São Paulo: WMF Martins Fontes, 2016.
Nesse livro, o autor apresenta animais que fazem parte da fauna brasileira.

- *Deu zebra no ABC*, de Fernando Vilela. São Paulo: Pulo do Gato, 2017.
O autor relaciona as letras do alfabeto às letras iniciais dos nomes de alguns animais.

UNIDADE 7
Estação das frutas

O que você vai estudar?
Gêneros
- Regra de brincadeira
- Receita culinária

Intervalo
- Jogo da letra inicial

O que você vai produzir?
Oficina de produção
- Receita culinária

Texto 1

Antes de ler

1. O que você sabe sobre o bicho-papão? Conte para um colega.
2. O título do texto a seguir é "O bicho-papão de letras". O que você acha que esse bicho vai "papar"?

O bicho-papão de letras

João Alegria

O bicho-papão é o sujeito mais esganado que eu conheço. Nunca vi ninguém comer tanto quanto ele. E diga-se comer qualquer coisa, sem nenhum critério. Não pode ver nada "dando sopa" que vai enfiando goela adentro.

Até inventaram um jogo, brincando com esse apetite insaciável do bicho-papão. É assim: o comandante do grupo começa a brincadeira dizendo "Eu sou o bicho-papão, e gosto de comer abacaxi", ou qualquer outro alimento que comece com a letra "a".

Quem estiver à direita do comandante repete o que ele disse, acrescentando um alimento que comece com a letra "b": "Eu sou o bicho-papão, e gosto de comer abacaxi e beterraba".

O participante seguinte acrescenta mais um alimento, agora começando com a letra "c". "Eu sou o bicho-papão, e gosto de comer abacaxi, beterraba e carne cozida." Assim por diante.

Quem esquecer algum nome, ou demorar muito, ou não conseguir acrescentar um novo, sai do jogo. O que ficar por último é o vencedor.

João Alegria. O bicho-papão de letras. *Come-come*: pais e filhos na cozinha. Rio de Janeiro: Jorge Zahar, 2002. p. 83-84.

Quem é o autor?

João Alves dos Reis Júnior, conhecido como João Alegria, nasceu na cidade de Santo Antônio da Alegria, no estado de São Paulo, em 1964. É autor de livros e diretor de programas de TV.

Interagindo com a regra de brincadeira

1 Qual é o título do texto?

_____

_____

2 Quem escreveu o texto?

_____

_____

3 Leia com a ajuda do professor e faça as atividades.

> Não pode ver nada "dando sopa" que vai enfiando goela adentro.

a) Você entendeu que o bicho-papão:

☐ gosta de sopa.

☐ come tudo o que vê pela frente.

> Até inventaram um jogo, brincando com esse apetite insaciável do bicho-papão.

b) Você entendeu que o bicho-papão:

☐ sente muita vontade de comer.

☐ sente pouca vontade de comer.

4 Agora converse com os colegas: Por que o bicho-papão é chamado de esganado?

5 Você está preparado para brincar de bicho-papão de letras com os colegas? Depois da brincadeira, escreva o nome de quatro alimentos que foram falados e faça um desenho deles.

6 Ensine as regras da brincadeira a uma pessoa de sua família. Depois, ouça como ela vai explicar para outro familiar. Então, convide seus familiares para brincar e conte para a turma como foi.

Intervalo

Jogo da letra inicial

Vamos jogar bola e aprender mais sobre a escrita das palavras? Ouçam as instruções que o professor vai ler e então... mãos à bola!

1. Organizem-se em roda.
2. O professor começa a brincadeira jogando a bola para um aluno da roda e fala uma letra em voz alta.
3. O aluno que pegar a bola fala uma palavra iniciada com a letra indicada pelo professor. Se acertar, ele joga a bola para outro colega da roda e diz uma letra diferente. Caso não acerte, a bola volta para quem a jogou, que escolherá outro aluno para dar a resposta.
4. A brincadeira continua até que todos tenham participado.

Texto 2

Antes de ler

1. O texto a seguir chama-se "Receita de vitamina de frutas". O que você acha que vai encontrar em um texto com esse título?

Receita de vitamina de frutas

Ingredientes

2 copos tipo americano de iogurte
1 banana
1 maçã (não é necessário retirar a casca)
½ fatia de mamão
½ fatia de melão

Modo de preparo

1. Coloque todos os ingredientes no liquidificador.
2. Ligue o liquidificador em velocidade média e bata tudo.
3. Não é necessário coar, despeje a vitamina no copo e aproveite!

Texto elaborado para esta coleção com fins didáticos.

Interagindo com a receita culinária

1 Leia as perguntas a seguir e responda:

a) Qual é o objetivo desse texto?

b) Você acha que vitamina de frutas é uma bebida saudável? Por quê?

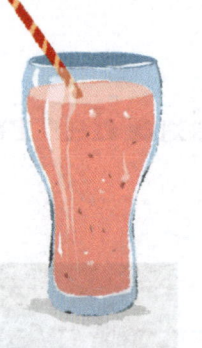

2 Marque com um **X** na resposta correta. O texto que você leu é:

☐ um anúncio.

☐ um poema.

☐ um bilhete.

☐ uma receita culinária.

• Agora explique para um colega por que você escolheu essa alternativa. Em seguida, ouça o que ele tem a dizer.

3 Para que serve cada parte do texto? Ligue a explicação à palavra que ela representa.

Ensina o que fazer para preparar a vitamina.   Ingredientes

Indica os itens que vão ser usados para fazer a vitamina.   Modo de preparo

4 Releia a indicação destes ingredientes da receita.

½ fatia de mamão
½ fatia de melão

- De acordo com esse trecho da receita, devemos colocar na vitamina:

☐ mais de uma fruta inteira de cada tipo.

☐ metade de uma fruta de cada tipo.

☐ uma fruta inteira de cada tipo.

5 Copie da receita a orientação que corresponde às ilustrações.

Ilustrações: Garatuja

_____   _____
_____   _____
_____   _____
_____   _____
_____   _____

Oficina de produção

Receita culinária

Que tal preparar com a turma uma receita gostosa e saudável na sala de aula? Vamos fazer uma salada de frutas!

RECORDAR

1. Observe, no mapa mental a seguir, as principais características do gênero receita culinária. Utilize as palavras abaixo para completar as informações.

| como | fazer | lista | passo a passo |

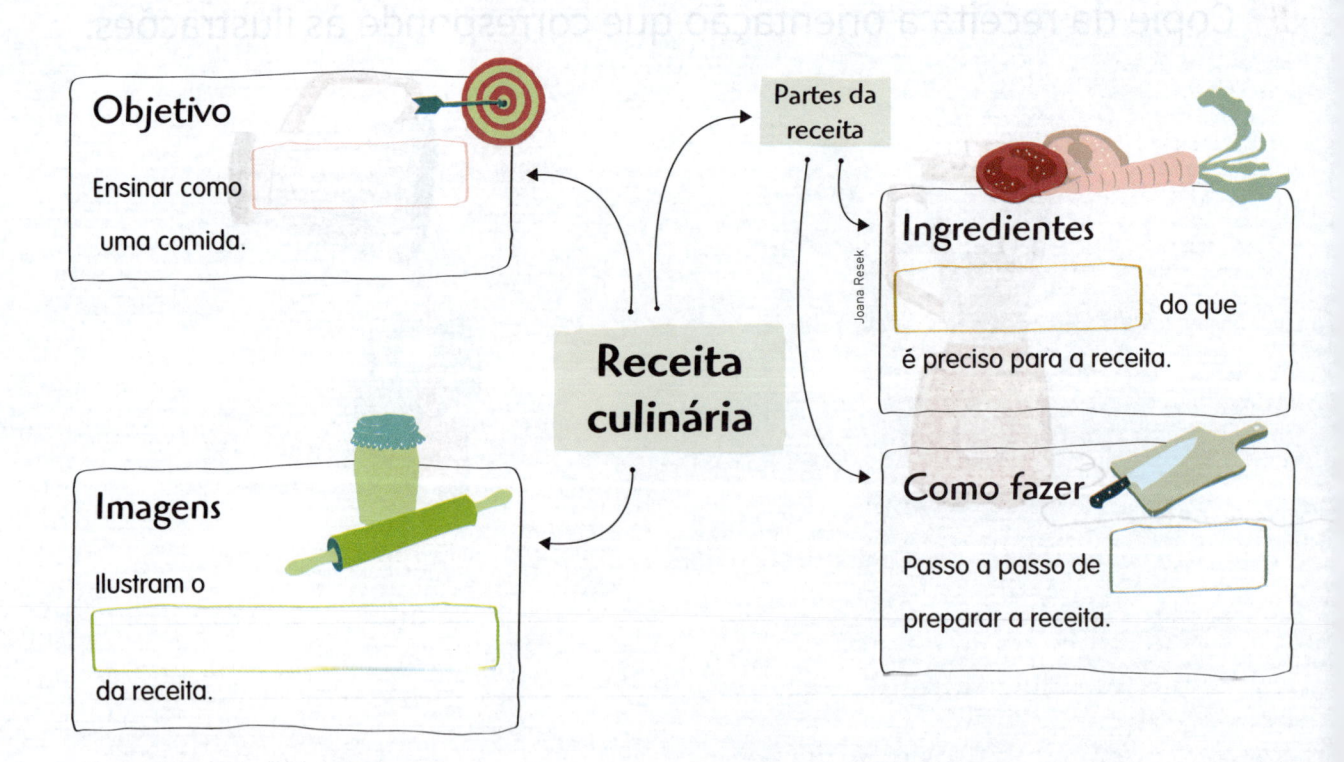

Objetivo
Ensinar como _____ uma comida.

Partes da receita

Ingredientes
_____ do que é preciso para a receita.

Receita culinária

Imagens
Ilustram o _____ da receita.

Como fazer
Passo a passo de _____ preparar a receita.

PLANEJAR

2. Antes do dia marcado para o preparo da receita, cada aluno vai falar para o professor o nome de uma fruta de que goste muito e com a qual poderia contribuir para fazer a salada de frutas.

3. No dia combinado, faça, com os colegas e o professor, uma lista das frutas que vocês têm à disposição e com as quais vão preparar a deliciosa sobremesa.

PRODUZIR

4. Coletivamente, decidam a ordem de procedimentos para a realização da salada de fruta.

5. Ajude o professor a escrever a receita no quadro. Depois, copie-a em seu caderno.

COMPARTILHAR

6. Mostre a receita a um familiar adulto. Em seguida, peça a ele que o ajude a pesquisar e escrever outra receita com frutas. Faça uma ilustração e leve a receita para a sala de aula.

7. Com a ajuda do professor, organizem um livro com as receitas sugeridas pela turma. Depois de o livro circular entre os familiares, ele poderá ser doado à biblioteca da escola.

Conheça

Site
- *Pequenada* – receitas para crianças. Sugestões de receitas que podem ser preparadas pelas crianças, mas sempre com a ajuda de um adulto. Disponível em: https://pequenada.com/receitas-para-criancas. Acesso em: 22 mar. 2020.

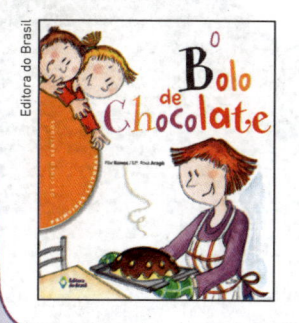

Livro
- *O bolo de chocolate*, de Pilar Ramos. São Paulo: Editora do Brasil, 2008.
O livro mostra como é possível aprender sobre os cinco sentidos – audição, olfato, paladar, tato e visão – de maneira divertida.

UNIDADE 8
O Rei Leão

O que você vai estudar?

Gêneros
- Notícia
- Fábula

Intervalo
- Legenda

O que você vai produzir?

Oficina de produção
- Fábula
- Reconto de história

Texto 1

Antes de ler

1. Observe o texto a seguir. Pela forma como ele é apresentado e pelas imagens, o que você acha que vai ler?

2. Como textos que nem este são chamados?

https://www.jornaljoca.com.br/ilustrador-brasileiro-cria-versao-amazonica-de-o-rei-leao/

CULTURA
11 de setembro de 2019

Ilustrador brasileiro cria versão amazônica de *O Rei Leão*

Vilmar Rossi fez ilustrações substituindo personagens e cenários da savana africana por elementos da Amazônia.

Por Martina Medina

Fã de *O Rei Leão*, o ilustrador Vilmar Rossi Júnior homenageou a animação ao substituir personagens e cenários da savana africana por uma versão amazônica do desenho. [...]

▸ Ilustração de Vilmar que mostra sua releitura dos personagens Timão, Pumba e Simba em uma Amazônia em chamas.

https://www.jornaljoca.com.br/ilustrador-brasileiro-cria-versao-amazonica-de-o-rei-leao/

  Na adaptação, a onça-pintada substitui os leões Simba, Nala, Mufasa e Sarabi. Já o javali Pumba dá lugar ao nosso porco-do-mato. "Com o calau Zazu, o esperado seria adaptar com um tucano, mas optei pelo araçari, um parente menos conhecido", conta Vilmar, que deseja chamar a atenção para as espécies desconhecidas ou em risco de extinção [...].

▶ O ilustrador escolheu o araçari, um parente pouco conhecido do tucano, para ilustrar o calau Zazu.

  A ideia se une a outras produções nacionais que buscam ampliar o conhecimento sobre espécies nativas do Brasil, como as animações *Rio*, *Tainá* e *Peixonauta* e o game *Guardiões da Floresta*.

  "As hienas foram as que mais criaram dúvidas, pois não temos animais como elas aqui", confessou o artista. Pesquisando, ele encontrou algumas características semelhantes no cachorro--do-mato-vinagre. "Contaram para mim que eles produzem um som que realmente se assemelha ao de um risinho. Agora fiquei bem curioso de conhecê-los", disse. Já Scar, o vilão da história, foi substituído por uma onça-preta. "Eu precisava manter a familiaridade com Simba, mas queria alguma característica especial, então optei por outra variedade de onça".

Martina Medina. Ilustrador brasileiro cria versão amazônica de *O Rei Leão*. *Jornal Joca*, 11 set. 2019. Disponível em: https://www.jornaljoca.com.br/ilustrador-brasileiro-cria-versao-amazonica-de-o-rei-leao/. Acesso em: 17 jun. 2020.

Interagindo com a notícia

1 O objetivo principal de uma notícia é:

☐ contar uma história de ficção, inventada.

☐ defender uma opinião sobre algum assunto.

☐ informar o leitor sobre um fato.

> A **notícia** é um gênero textual que apresenta fatos, informações, acontecimentos, recentes ou atuais, que têm importância para o público leitor. É veiculada, geralmente, em jornais, revistas, rádio, televisão e portais da internet.

2 Além de **título**, a notícia tem **subtítulo**.

> A notícia tem um **título**, que deve ser objetivo, isto é, resumir o assunto tratado na notícia, de modo a chamar a atenção do leitor.

> O **subtítulo** – também chamado de linha fina – apresenta informações complementares sobre o assunto indicado no título.

a) Releia o título e o subtítulo da notícia.

> **Ilustrador brasileiro cria versão amazônica de *O Rei Leão*** ← título
>
> Vilmar Rossi fez ilustrações substituindo personagens e cenários da savana africana por elementos da Amazônia. ← subtítulo

- Por que o título foi escrito em tamanho maior e com letras em negrito?

_____
_____
_____

b) No subtítulo, pinte as informações solicitadas, de acordo com a legenda:

■ Nome do ilustrador.

■ Nome da região brasileira que inspirou o ilustrador.

3 Relacione as colunas.

Data em que a notícia foi publicada.	*Joca.*
Nome de quem escreveu a notícia.	11 de setembro de 2019.
Nome do jornal que publicou a notícia.	Martina Medina.

4 Retome o texto da notícia e copie uma informação que você achou interessante. Em seguida, explique para um colega por que ela chamou a sua atenção.

_____
_____
_____
_____

5 Com o professor e os colegas, leia novamente o trecho a seguir.

> Na adaptação, a onça-pintada substitui os leões Simba, Nala, Mufasa e Sarabi. Já o javali Pumba dá lugar ao nosso porco-do-mato. "Com o calau Zazu, o esperado seria adaptar com um tucano, mas optei pelo araçari, um parente menos conhecido", conta Vilmar, que deseja chamar a atenção para as espécies desconhecidas ou em risco de extinção [...].

a) Para escrever uma notícia, o jornalista costuma entrevistar pessoas envolvidas no acontecimento que será noticiado e apresenta partes do **depoimento** dado por elas. Quem foi entrevistado para a produção da notícia que você leu?

b) Segundo o ilustrador, que animal substitui os leões Simba e seus familiares?

6 Responda: Para qual público leitor esse texto foi escrito? Explique em que elementos do texto você se baseou para responder à questão e leia sua resposta para um colega.

Intervalo

Imagem e legenda

1 Observe uma das imagens da notícia.

▶ O ilustrador escolheu o araçari, um parente pouco conhecido do tucano, para ilustrar o calau Zazu.

a) Legenda é o texto colocado abaixo de uma imagem. Qual é a importância dela em uma notícia?

_____
_____
_____

b) Quem são os personagens ilustrados por Vilmar Rossi nessa cena? Marque um **X** nas opções corretas.

☐ Simba ☐ Timão

☐ Nala ☐ Musafa

☐ Pumba ☐ Zazu

2 Imagine que você vai colaborar com a jornalista que escreveu a notícia, criando a legenda para outra ilustração de Vilmar Rossi.

a) Observe com atenção a imagem reproduzida a seguir.

b) Escreva uma legenda para ela com base no que você leu sobre as ilustrações de Vilmar Rossi ou em algo que seja importante comunicar sobre a Floresta Amazônica.

c) Mostre o texto de sua legenda para um colega e veja o que ele escreveu.

d) Um faz sugestões de correção no texto do outro (se for necessário).

e) Com as correções feitas, cada um mostra para o professor e para a turma a legenda criada.

Vilmar Rossi. *E se o Rei Leão acontecesse na Amazônia?*. Disponível em: https://www.instagram.com/p/B0x6-gUh01B/. Acesso em: 28 nov. 2020.

Texto 2

Antes de ler

1. Observe o texto a seguir. O que você acha que ele conta?
2. O texto é escrito em prosa ou em versos?

O leão e o ratinho

Esopo

O rei das selvas dormia sob a sombra de um carvalho. Aproveitando a ocasião, um bando de ratos resolveu passar por cima dele para encurtar o caminho.

— Vamos, vamos, não há tempo a perder — disse o líder do bando.

Quando faltava apenas um rato para passar, o leão acordou e prendeu-o debaixo de sua pata.

— Por favor, Majestade das selvas, não me esmague! – implorou o ratinho.

— E você tem uma boa razão para que eu não faça isso?

— Bem... talvez um dia eu possa ajudá-lo — disse o ratinho.

O leão deu uma sonora gargalhada:

— Você? Minúsculo desse jeito? Essa é boa!

— Por favor, por favor, por favor não me esmague! — insistiu o ratinho.

Diante de tamanha insistência, o leão, que estava mesmo com o estômago cheio, deixou que o ratinho se fosse.

Alguns dias depois, o leão ficou preso numa rede deixada na floresta por alguns caçadores. Fez de tudo para se soltar, mas não conseguiu. Seus urros de raiva fizeram a terra tremer. Ao ouvi-los, o ratinho veio em seu socorro. Com seus dentes pequeninos e afiados, roeu as cordas da rede e soltou o leão.

Uma boa ação ganha outra.

Pequenos amigos podem ser grandes amigos.

Fábulas de Esopo – Jean de La Fontaine. Adaptação de Lúcia Tulchinski. São Paulo: Scipione, 2004. p. 8.

Quem é o autor?

Grande contador de histórias, **Esopo** viveu há muito tempo, no século VI a.C., na Grécia. Conta-se que foi escravo e que suas histórias ficaram conhecidas em versões de autoria do francês Jean de La Fontaine, que viveu de 1621 a 1695.

Interagindo com a fábula

1 O objetivo principal da fábula é:

☐ contar uma história de ficção, inventada.

☐ defender uma opinião sobre algum assunto.

☐ informar o leitor sobre um fato recente.

> A **fábula** tem como objetivo principal contar uma história. Os personagens são animais que representam diferentes comportamentos e atitudes dos seres humanos. A história traz um ensinamento, chamado **moral**.

2 Escreva no espaço a seguir o título do texto. Depois, volte à página 105 e pinte os nomes dos personagens principais da história.

_____

3 Numere as cenas de 1 a 6, de acordo com a ordem em que elas acontecem na fábula.

4 Reúna-se com um colega e observem as cenas representadas na atividade 3. Com base nessas ilustrações, recontem a história juntos, observando os detalhes quadro a quadro.

5 A fábula geralmente apresenta um texto curto organizado em parágrafos. Complete:

a) A fábula "O leão e o ratinho" tem _____ parágrafos.

b) A moral da história é apresentada em _____ parágrafos.

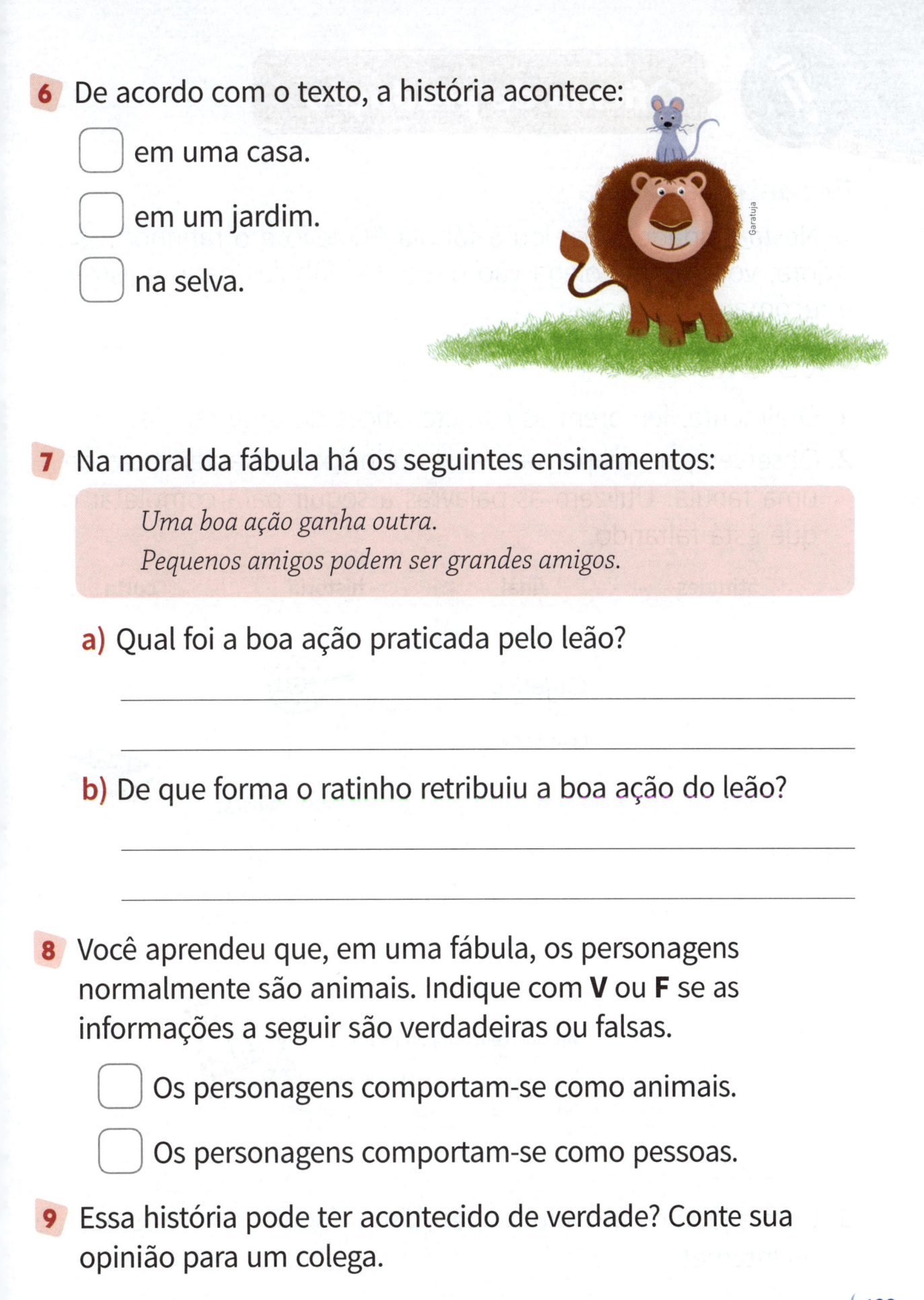

6 De acordo com o texto, a história acontece:

☐ em uma casa.

☐ em um jardim.

☐ na selva.

7 Na moral da fábula há os seguintes ensinamentos:

> *Uma boa ação ganha outra.*
> *Pequenos amigos podem ser grandes amigos.*

a) Qual foi a boa ação praticada pelo leão?

_____

_____

b) De que forma o ratinho retribuiu a boa ação do leão?

_____

_____

8 Você aprendeu que, em uma fábula, os personagens normalmente são animais. Indique com **V** ou **F** se as informações a seguir são verdadeiras ou falsas.

☐ Os personagens comportam-se como animais.

☐ Os personagens comportam-se como pessoas.

9 Essa história pode ter acontecido de verdade? Conte sua opinião para um colega.

Oficina de produção

Reconto de fábula

Nesta unidade, você leu a fábula "O leão e o ratinho". Agora, você e um colega vão pesquisar fábulas para registrar e recontar em sala.

RECORDAR

1. Oralmente, lembrem as características de uma fábula.
2. Observem, no mapa mental, as principais características de uma fábula. Utilizem as palavras a seguir para completar o que está faltando.

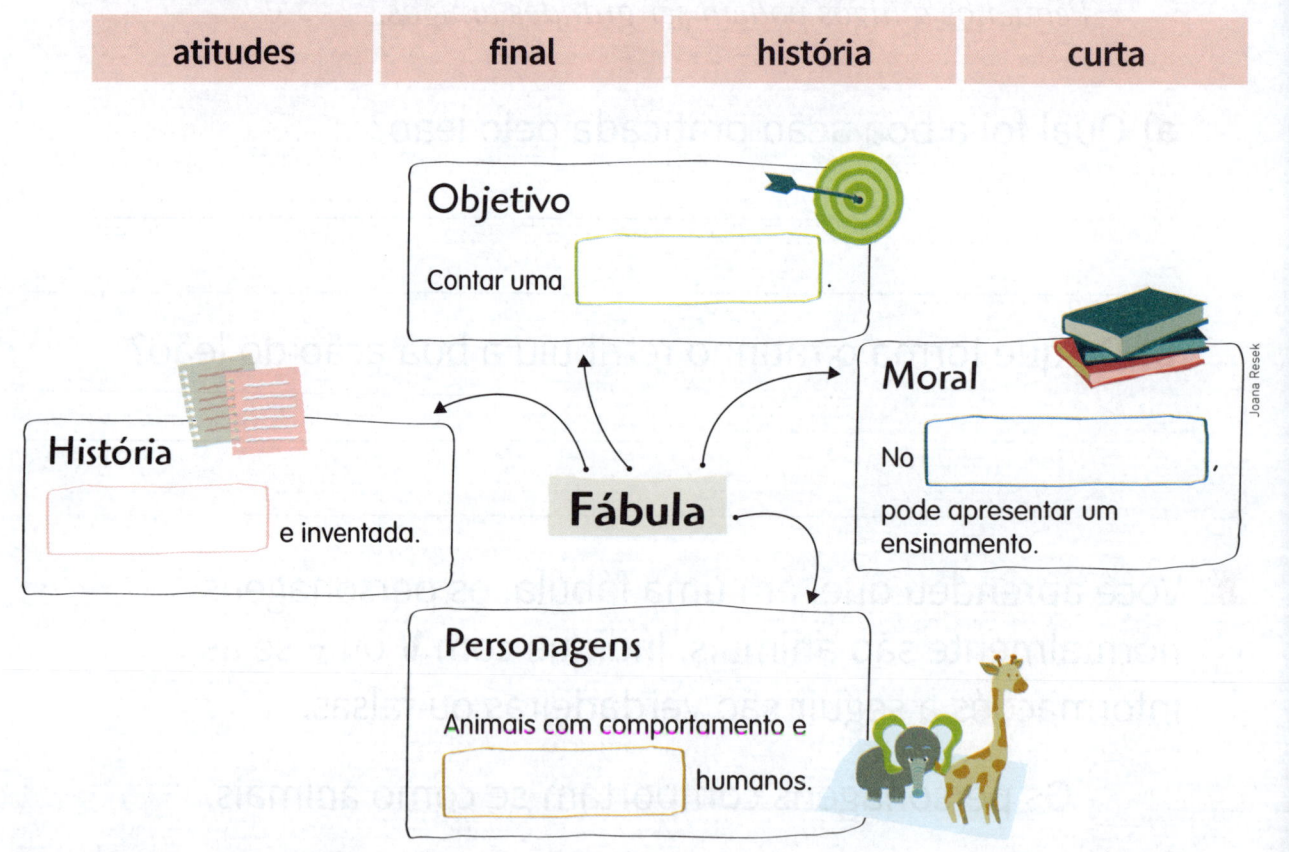

| atitudes | final | história | curta |

Objetivo
Contar uma _____.

História
_____ e inventada.

Fábula

Moral
No _____, pode apresentar um ensinamento.

Personagens
Animais com comportamento e _____ humanos.

PRODUZIR

3. Com a juda de um adulto, pesquisem fábulas em livros ou na internet.

4. Escolham uma história que achou interessante e preparem-se, em casa, para contá-la em sala para um colega.

5. Depois de conhecerem a fábula que cada um pesquisou, escolham uma das histórias para ser registrada. Fiquem atentos à escrita e à organização do texto, observando a mudança de parágrafo, a pontuação, a grafia correta das palavras etc. Não se esqueçam do título!

REVISAR

6. Releia o texto com o colega de dupla. Observem se:
- a fábula tem título;
- a história tem moral;
- a ordem dos fatos e a ação dos personagens estão de acordo com a moral da história.

7. Depois da revisão, passem a fábula a limpo e ilustrem o texto. Converse com o colega de dupla e decidam quem será o responsável pela escrita final e quem fará a ilustração.

COMPARTILHAR

8. Entreguem o texto ao professor, que vai organizar o livro de fábulas contendo todas as histórias.

9. Por fim, cada dupla deve ler a fábula para o restante da turma, mostrando as ilustrações feitas.

Conheça

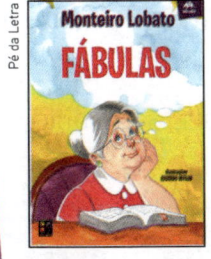

Livro
- *Fábulas*, de Monteiro Lobato. Cotia: Pé da Letra, 2019. Nesse livro, o escritor Monteiro Lobato reconta fábulas conhecidas e outras nem tanto. Mas certamente todas encantarão o leitor!

Site
- Revista *Ciência Hoje das Crianças*. *Site* que apresenta notícias e reportagens que envolvem o mundo da ciência. Disponível em: http://chc.org.br/. Acesso em: 23 out. 2020.

Bibliografia

ANTUNES, Irandé. *Lutar com palavras*: coesão e coerência. São Paulo: Parábola, 2005.

BAGNO, Marcos. *Preconceito linguístico*: o que é, como se faz. São Paulo: Loyola, 2011.

BAKHTIN, Mikhail. *Estética da criação verbal*. São Paulo: Martins Fontes, 2000.

BECHARA, Evanildo. *Moderna gramática brasileira*. 38. ed. Rio de Janeiro: Lucerna, 2015.

BRASIL. Ministério da Educação. *Base Nacional Comum Curricular*. Brasília: MEC, 2018. Disponível em: http://basenacionalcomum.mec.gov.br/. Acesso em: 25 mar. 2020.

BRONCKART, Jean-Paul. *Atividade de linguagem, textos e discursos*: por um interacionismo sociodiscursivo. São Paulo: Educ, 1999.

COSTA, Sérgio R. *Dicionário de gêneros textuais*. Belo Horizonte: Autêntica, 2008.

FARACO, Calos A.; TEZZA, Cristóvão. *Oficina de texto*. 3. ed. Petrópolis: Vozes, 2003.

FREIRE, Paulo. *Medo e ousadia*: o cotidiano do professor. Rio de Janeiro: Paz e Terra, 2001.

KLEIMAN, Ângela. *Texto e leitor*: aspectos cognitivos da leitura. Campinas: Pontes, 2011.

KOCH, Ingedore V. *O texto e a construção de sentido*. 10. ed. São Paulo: Contexto, 2010.

MAGALHÃES, Tânia G.; GARCIA-REIS, Andreia R.; FERREIRA, Helena M. (org.). *Concepção discursiva de linguagem*: ensino e formação docente. Campinas: Pontes, 2017.

MARCUSCHI, Luiz A. Produção textual, *análise de gêneros e compreensão*. São Paulo: Parábola, 2011.

MORAIS, Artur G. *Ortografia*: ensinar e aprender. 4. ed. São Paulo: Ática, 2003.

NEVES, Maria. H. M. *Gramática de usos do português*. 2. ed. São Paulo: Unesp, 2011.

ROJO, Roxane; BARBOSA, Jacqueline P. *Hipermodernidade, multiletramentos e gêneros discursivos*. São Paulo: Parábola, 2015.

SCHNEUWLY, Bernard. O ensino da comunicação. *Revista Nova Escola*, São Paulo, n. 157, nov. 2002.